グルテンフリーのおやつ

米粉だから、おいしい！
焼き菓子、シフォンケーキ、パウンドケーキ

大塚せつ子

PARCO出版

はじめに

「米粉」をベースの粉にして作る、
グルテンフリーのおやつの世界は、どんどん広がっています。

強い個性のグルテンとは正反対で、実にプレーンでクセのない米粉。
小麦粉の代用品ではなく、米粉がおいしいからこそ、
さまざまなレシピが生まれるのですね。

グルテンをもたない米粉でおやつを焼くには、
ちょっとした工夫が必要です。

まず、スコーンやクッキーの
カリカリやサクサクといった独特の食感を出すために、
米粉に「冷水」をすり合わせ、空気を含ませます。
そうしてひと回り大きなフワフワの粒になった米粉を使えば、
グルテンの力を借りなくても大丈夫。
そのために考案した特別な工程「水すり法」を本邦初公開いたします！

また、ベースの米粉に「アーモンド粉」「大豆粉」「ひよこ豆粉」など
さまざまな粉類を加えることで、
幅広い風味やコク、食感を作り出せます。

さらに、米粉には自然の甘みが備わっているので、
白砂糖は一切使わず、「きび糖」を使用します。
そして、「メープルシロップ」「てんさい糖シロップ」「黒糖シロップ」など
いくつかの糖類と組み合わせ、奥行きのある甘さを楽しみます。

本書には、米粉と楽しくつきあう秘訣がたくさん載っています。
新しい米粉のおいしい世界、存分に味わってくださいね。

本邦初公開！米粉に空気を抱かせる
水すり法

水すり法とは

大塚せつ子が独自に開発した、米粉に空気を抱かせる方法です。まず、米粉に冷たい水を加え、両手でよくすり合わせて空気を含ませます。そうすると米粉はフワフワになり、グルテンのある小麦粉のような、さくみのある生地が焼けるようになります（詳細は011ページ参照）。空気を含ませた後にザルでふるうのは、粒の大きさを均一に整えるためです。

冷水を使うこと

米粉に加えるのは、冷たい水です。湯ですり合わせてしまうと、米粉がぴったりくっついて、餅のようになってしまいます。

成分無調整豆乳を泡立てること

フワフワになった米粉と合わせるのは、ミルクフォーマーで空気を含ませてモコモコに泡立った成分無調整豆乳などの液状の材料。フワフワ米粉がモコモコ泡に包み込まれるので、よりさくみのある軽快な食感が生まれるのです。

Contents

はじめに ……………………………… 002
水すり法 ……………………………… 003
本書で使用する粉類 ………………… 006

Part 1
スコーン
外はカリッ、中はふんわり！

プレーンスコーン ……………………………… 010
黒豆のきな粉スコーン ………………………… 014
カシューナッツのコーヒースコーン ………… 016
お食事系 ソーセージ＆ひよこ豆のカレースコーン … 018
大豆粉スコーン ………………………………… 020
クランベリーのチョコレートスコーン ……… 024
ピーカンナッツのオーツ麦スコーン ………… 026
コーンブレッド ………………………………… 028

Part 2
クッキー
サクサクやホロホロと、食感いろいろ

アーモンド粉クッキー ………………………… 032
チーズの塩味クッキー ………………………… 034
玄米粉クッキー ………………………………… 036
くるみのスノーボール ………………………… 038
黒ごまクッキー ………………………………… 040
チョコレートアーモンドクッキー …………… 042
オーツ麦クッキー ……………………………… 044

Part 3
マフィン
もっちりとした、リッチな味わい

きな粉マフィン ………………………………… 048
ポピーシードマフィン ………………………… 050
ダブルチョコレートマフィン ………………… 052
くるみ＆チョコレートのバナナマフィン …… 054
小倉あん入り抹茶マフィン …………………… 056
お食事系 ポテトの玄米胚芽マフィン ……………… 058
お食事系 ツナ＆トマトの塩味マフィン …………… 060
お食事系 たこ＆枝豆のアヒージョマフィン ……… 062
お食事系 キャベツのしょうゆ味マフィン ………… 064

Part 4
ビスコッティ
ザクザクッと、軽快な食感！

ココナッツビスコッティ ……………………… 068
くるみの玄米胚芽ビスコッティ ……………… 070
ピーカンナッツの
　コーヒービスコッティ ……………………… 072
黒ごまビスコッティ …………………………… 074
お食事系 チーズ＆ハーブの塩味ビスコッティ …… 076

Part 5
シフォンケーキ
きめ細かくて、フワフワ！

プレーンシフォンケーキ	080
カフェモカシフォンケーキ	082
クランベリー＆ピスタチオのシフォンケーキ	084
甘納豆の抹茶シフォンケーキ	086
お食事系 ひじきの和シフォンケーキ	088
お食事系 ベーコン＆チーズのイタリアンシフォンケーキ	090

Part 6
パウンドケーキ
風味豊かで、しっとりモチモチ

フルーツパウンドケーキ	094
チョコレートパウンドケーキ	096
キャロットケーキ	098
ココナッツパウンドケーキ	100
味噌パウンドケーキ	102
ウィークエンド	104
お食事系 根菜＆しょうがの和パウンドケーキ	106
お食事系 ハム＆カラフルピーマンの塩味パウンドケーキ	108

卵・乳製品の使用or不使用別
Index ——— 110

[本書の決まり]
- 表示の大さじ１は15㎖、小さじ１は５㎖です。
- 材料で使用する液体は、容量（㎖など）ではなく、重さ（g）で表示しています。
- オーブンは機種によって、温度、焼き時間に差が出るので、表示時間を目安にして、様子を見ながら加熱してください。本書では、電気オーブンを使用しています。
- 基本的には白砂糖不使用ですが、一部粉砂糖を使うレシピでは、お好みでご使用ください。

[マークの見方]
すべてのメニューに卵と乳製品の使用or不使用をあらわす４種類のマークを掲載しています。アレルギーをおもちの方は、それぞれの材料をよく確かめてからご使用ください。

 卵・乳製品不使用マーク

 卵使用・乳製品不使用マーク

 卵不使用・乳製品使用マーク

 卵・乳製品使用マーク

本書で使用する粉類

本書に登場する主な粉類を紹介します。
製菓店やネットショップなどで手に入ります。

基本の粉類

米粉

うるち米を微粉にしたもの。本書では、グルテンなどの添加物不使用で、パン用ではない、「米粉100%の製菓用」を使います。できれば、米の品種が明記されたものを選びましょう。おいしい米を粉にした米粉は、やっぱりおいしい。多収穫米の米粉より深い味わいです。

玄米粉

玄米をきめ細かく製粉したもので、玄米独特の風味と甘みがあります。おすすめなのは、焙煎玄米粉「リブレフラワーブラウン」。深煎りタイプなので、香ばしさが特徴です。

リブレフラワーブラウン
株式会社シガリオ
☎ 03-5511-8871
オンラインショップなどで購入可能

風味やコク、食感を加える粉類

アーモンド粉
アーモンドの粉末で、別名「アーモンドプードル」。クッキー類はサクサク、ケーキ類はしっとりと食感に変化がつきます。

皮つきアーモンド粉
薄皮ごと粉砕してあるので、より力強くリッチなコクと風味が楽しめます。ツブツブ感があり、食感も見た目も華やかに。

くるみ粉
くるみを粉末にしたもの。米粉と混ぜて、生地のコク出しとして使います。アーモンド粉でも代用可能。

くず粉
くずの根のでんぷんを精製した粉末で、軽いさくみのついた仕上がりになります。くず100%の「本くず粉」がおすすめ。

大豆粉
大豆を粉末にしたもので、生地をふんわりさせます。「失活」タイプは、えぐみや青くささがないのでおすすめ。

ひよこ豆粉
ひよこ豆を粉末にしたもので、インド料理などで多用されています。米粉に混ぜると、サクサクとした軽い食感になります。

Part 1

スコーン

外はカリッ、
中はふんわり！

米粉に冷たい水をすり合わせて、
空気を含ませる「水すり法」。
この方法を見つけてから、
米粉を使うお菓子作りがグレードアップしました。
そして今回、何度も試作を重ねてたどりついた
家庭でも簡単にできる
「水すり法」をご紹介いたします。
さらに、「水すり法」以外のレシピも
載せていますから、
どちらも試して、グルテンフリーの
奥深い味わいをお楽しみください。

材料MEMO

粉類

寒梅粉
もち米の粉末で、米粉と米粉をつなぎ合わせて、しっかりした生地を作ります。

片栗粉
じゃがいものでんぷんの粉末で、米粉と米粉をつなぎ合わせ、生地をふんわりさせます。

副材

グルテンフリーオーツ麦
小麦やライ麦、大麦などグルテンを含む穀物とは別の製造ラインで作られたオーツ麦。

水分類

成分無調整豆乳
砂糖や塩、香料が入らない、大豆と水だけの成分無調整豆乳。大豆に含まれるレシチンには乳化作用があり、油と混ぜるとクリーム状になります。

豆乳ヨーグルト
豆乳を発酵させたヨーグルト。レシチン効果で、油と混ぜるとクリーム状になります。

油脂類

米油
米ぬかから抽出する植物油。風味にクセがなく、米粉との相性抜群です。

ココナッツ油
ココナッツの種子の胚乳から抽出する植物油。24〜25℃以下でかたまります。

道具MEMO

ミルクフォーマー
ミルクの泡立て器で、100〜1000円程度で入手可能。ハンドミキサーでも代用可能ですが、ミルクフォーマーが断然おすすめです。

温度計
製菓用の温度計があると便利。計量と同様、温度管理もお菓子作りの大切なポイント。

プレーンスコーン

米粉に空気を含ませて、ひと回り大きなフワフワの粒にする「水すり法」。
この画期的な方法のおかげで、外はカリッ、中はふんわりとした
グルテンフリーのスコーンが焼けるようになりました！

材料　6個分

Ⓐ　米粉 … 150g
　　寒梅粉 … 3g

Ⓑ　ベーキングパウダー … 8g
　　きび糖 … 10g
　　塩 … 1g

Ⓒ　成分無調整豆乳 … 80g
　　米油 … 15g
　　はちみつ … 15g

冷水 … 35g

りんご酢 … 小さじ1

下準備

- ポリ袋にⒶを入れて袋を大きく膨らませ、数回振って、空気を含ませながらよく混ぜる（写真1参照）。
- STEP 1 が終わったら、鍋にⒸを入れて合わせ、55〜60℃に温める（写真2参照）。
- オーブンは天板を入れて180℃に予熱する。

作り方

STEP 1

1〉

〈水すり法〉ボウルに④を入れ、冷水を3回に分けて加える（写真3参照）。

その都度、粉類と水を両手でよくすり合わせる（写真4、5参照）。大きな粒がなくなるまで、何度もていねいにすり合わせるのがポイント。

ザルで数回ふるう（写真6参照）。

ザルに残った粒は、ふるった粉を足しながら（写真7参照）、しっかりとすり合わせる（写真8参照）。

ザルを通ってほとんど粒がなくなるまで、この作業を繰り返す。最後に残った小さな粒は、手でこすってザルを通す。

2〉

1にⒷを加えて両手や泡立て器でさっくりと混ぜ（写真9、10参照）、ザルで3〜4回ふるいながら、しっかりと混ぜ合わせる（写真11参照）。

STEP 2

3 ›
別のボウルに©を入れ、ミルクフォーマーでクリーム状になるまで混ぜる（写真12、13参照）。

りんご酢を加え、マヨネーズ状になるまでさらによく混ぜる（写真14、15参照）。

STEP 3

4 ›
3に2を加え（写真16参照）、ヘラでさっくりと混ぜる（写真17、18参照）。

STEP 4

5 ›
生地をスプーンなどで6等分になるようにすくいながら、オーブンペーパーに並べ（写真19参照）、指先で形を整える（写真20、21参照）。

6 ›
オーブンペーパーごと天板にのせ、180℃のオーブンで35分ほど焼く。

焼き上がったら、網の上にのせて冷ます。粗熱が取れたら、乾燥しないようにポリ袋に入れる（写真22参照）。

Scone

013

「水すり法」でフワフワになった
米粉と合わせるのは、
空気を含んでモコモコに泡立った
成分無調整豆乳などの液状の材料。
モコモコ泡にフワフワ米粉が
包み込まれるので、
さくみのある食感に!

黒豆のきな粉スコーン

| 材料 | 6個分 |

Ⓐ
- 米粉 … 100g
- きな粉 … 50g
- 寒梅粉 … 3g

Ⓑ
- ベーキングパウダー … 8g
- 黒糖 … 30g
- 塩 … 1g

Ⓒ
- 成分無調整豆乳 … 80g
- 米油 … 15g
- りんご酢 … 小さじ1

フィリング
- 蒸し黒豆 … 60g

冷水 … 30g

下準備

- ポリ袋にⒶを入れて袋を大きく膨らませ、数回振って、空気を含ませながらよく混ぜる。
- **STEP 1** が終わったら、鍋にⒸを入れて合わせ、55〜60℃に温める。
- オーブンは天板を入れて180℃に予熱する。

作り方

STEP 1

1 ▷ 水すり法（011ページ参照）で米粉に空気を含ませ、フワフワの米粉にする。

2 ▷ 1にⒷを加えて両手や泡立て器でさっくりと混ぜ、ザルで3〜4回ふるいながら、しっかりと混ぜ合わせる。

STEP 2

3 ▷ 別のボウルにⒸを入れ、ミルクフォーマーでクリーム状になるまで混ぜる。りんご酢を加え、マヨネーズ状になるまでさらによく混ぜる。

STEP 3

4 ▷ 3に2、蒸し黒豆を加え、ヘラでさっくりと混ぜる。

STEP 4

5 ▷ オーブンペーパーに生地をのせ、長方形に整える。カードで三角形になるように6つに切り分ける。

6 ▷ オーブンペーパーごと天板にのせ、180℃のオーブンで20分、さらに190℃で15分ほど焼く。焼き上がったら、網の上にのせて冷ます。粗熱が取れたら、乾燥しないようにポリ袋に入れる。

カシューナッツのコーヒースコーン

材料　8個分

Ⓐ　米粉 … 150g
　　寒梅粉 … 3g

冷水 … 35g

Ⓑ　ベーキングパウダー … 8g
　　きび糖 … 20g
　　塩 … 1g
　　インスタントコーヒー粉 … 5g

Ⓒ　成分無調整豆乳 … 80g
　　米油 … 15g
　　メープルシロップ … 15g

りんご酢 … 小さじ1

フィリング
カシューナッツ … 60g

下準備

- ポリ袋にⒶを入れて袋を大きく膨らませ、数回振って、空気を含ませながらよく混ぜる。
- フリーズドライのインスタントコーヒー粉は粉末にする。
- STEP 1 が終わったら、鍋にⒸを入れて合わせ、55〜60℃に温める。
- カシューナッツは180℃のオーブンで7〜8分ローストし、半分に切る。
- オーブンは天板を入れて190℃に予熱する。

作り方

STEP 1

1 > 水すり法（011ページ参照）で米粉に空気を含ませ、フワフワの米粉にする。

2 > 1にⒷを加えて両手や泡立て器でさっくりと混ぜ、ザルで3〜4回ふるいながら、しっかりと混ぜ合わせる。

STEP 2

3 > 別のボウルにⒸを入れ、ミルクフォーマーでクリーム状になるまで混ぜる。りんご酢を加え、マヨネーズ状になるまでさらによく混ぜる。

STEP 3

4 > 3に2、カシューナッツを加え、ヘラでさっくりと混ぜる。

STEP 4

5 > 生地をスプーンなどで8等分になるようにすくいながら、オーブンペーパーに並べ、指先で形を整える。

6 > オーブンペーパーごと天板にのせ、190℃のオーブンで20分、さらに200℃で10分ほど焼く。焼き上がったら、網の上にのせて冷ます。粗熱が取れたら、乾燥しないようにポリ袋に入れる。

Scone

卵も乳製品もグルテンも
不使用とは思えない、
特別なおいしさのスコーンです。
ただし、作ってから時間が経つと
乾燥してしまうので、
焼き上がった後、粗熱が取れたら
ポリ袋に入れて保存します。

お食事系

ソーセージ&ひよこ豆の
カレースコーン

材料　8個分

Ⓐ 米粉 … 150g
　寒梅粉 … 3g

Ⓑ ベーキングパウダー … 8g
　ミックススパイス … 7.5g

Ⓒ 成分無調整豆乳 … 110g
　オリーブ油 … 20g

フィリング
ソーセージ … 50g
蒸しひよこ豆 … 50g

冷水 … 35g

りんご酢 … 小さじ1

下準備

- ポリ袋にⒶを入れて袋を大きく膨らませ、数回振って、空気を含ませながらよく混ぜる。
- ミックススパイスはカレー粉5g、塩1g、ガラムマサラ0.5g、クミンシード0.5g、黒胡椒0.5gを合わせたもの。
- STEP 1 が終わったら、鍋にⒸを入れて合わせ、55～60℃に温める。
- ソーセージは縦四つ割りにして幅5mmに切る。
- オーブンは天板を入れて190℃に予熱する。

作り方

STEP 1

1 > 水すり法（011ページ参照）で米粉に空気を含ませ、フワフワの米粉にする。

2 > 1にⒷを加えて両手や泡立て器でさっくりと混ぜ、ザルで3～4回ふるいながら、しっかりと混ぜ合わせる。

STEP 2

3 > 別のボウルにⒸを入れ、ミルクフォーマーでクリーム状になるまで混ぜる。りんご酢を加え、マヨネーズ状になるまでさらによく混ぜる。

STEP 3

4 > 3に2、ソーセージ、蒸しひよこ豆を加え、ヘラでさっくりと混ぜる。

STEP 4

5 > 生地をスプーンなどで8等分になるようにすくいながら、オーブンペーパーに並べ、指先で形を整える。

6 > オーブンペーパーごと天板にのせ、190℃のオーブンで20分、さらに210℃で10分ほど焼く。焼き上がったら、網の上にのせて冷ます。粗熱が取れたら、乾燥しないようにポリ袋に入れる。

Scone

ミックススパイスを加えた、
カレー味のお食事系スコーン。
ソーセージとひよこ豆のフィリングを
混ぜて、贅沢に焼き上げます。
サラダやスープ、カレー、
肉料理や魚料理に添えて、どうぞ。

大豆粉スコーン

「水すり法」ではなく、かためたココナッツ油を米粉にすり合わせます。
ふんわりとした食感を生む「大豆粉」と
リッチなコクと風味を出す「皮つきアーモンド粉」を合わせた、シンプルなスコーン。

| 材料 | 6個分 |

Ⓐ 米粉 … 150g
　大豆粉 … 20g
　皮つきアーモンド粉 … 20g

ココナッツ油 … 40g

Ⓑ ベーキングパウダー … 8g
　きび糖 … 15g
　塩 … 1.2g

Ⓒ 豆乳ヨーグルト … 40g
　成分無調整豆乳 … 45g
　米油 … 15g
　レモン汁 … 10g

重曹 … 2g

| 下準備 |

● ポリ袋にⒶを入れて袋を大きく膨らませ、数回振って、空気を含ませながらよく混ぜる（写真 1 参照）。
● ココナッツ油は冷蔵室で冷やしかためる（写真 2 参照）。
● オーブンは天板を入れて160℃に予熱する。

作り方

STEP 1

1〉
ボウルにⒶを入れ、ココナッツ油を加える（写真3参照）。

ポロポロの状態になるまで、カードで切るように混ぜる（写真4参照）。

サラサラの状態になるまで、両手でよくすり合わせる（写真5参照）。

2〉
1にⒷを加え（写真6参照）、泡立て器でさっくりと混ぜる（写真7、8参照）。

STEP 2

3 ›

別のボウルにⓒを入れ、ミルクフォーマーでクリーム状になるまで混ぜる（写真**9**、**10**参照）。

重曹を加え、さらによく混ぜる（写真**11**、**12**参照）。

STEP 3

4 ›

3に2を加え（写真**13**参照）、ヘラでさっくりと混ぜる（写真**14**、**15**参照）。

STEP 4

5 ›

ポリ袋を切り開いてシート状にし（ラップでもOK）、4の生地をのせて厚さ2.5cmほどの円形に整える（写真**16**参照）。このとき、手に生地がつかないようにポリ袋を使い、直接生地を触らずに形を整える。

カードで三角形になるように6つに切り分け（写真**17**参照）、オーブンペーパーに並べる（写真**18**参照）。切りにくかったら、冷蔵室で20〜30分生地を休ませる。

6 ›

オーブンペーパーごと天板にのせ、160℃のオーブンで10分、さらに180℃で25分ほど焼く。焼き上がったら、網の上にのせて冷ます。粗熱が取れたら、乾燥しないようにポリ袋に入れる（写真**19**参照）。

季節や天候にもよりますが、
でき上がった生地はやわらかめです。
手につかないよう、
ポリ袋を使いましょう。
食べるとき、ホイップした
豆乳クリームを添えても。

クランベリーの
チョコレートスコーン

材料　6個分

A
- 米粉 … 130g
- 皮つきアーモンド粉 … 40g
- 純ココアパウダー … 20g

B
- ベーキングパウダー … 8g
- きび糖 … 10g
- 塩 … 1g

C
- 豆乳ヨーグルト … 50g
- 成分無調整豆乳 … 40g
- 米油 … 16g
- レモン汁 … 10g
- 重曹 … 2g

フィリング
- ドライクランベリー … 40g
- チョコレートチップ … 30g

ココナッツ油 … 40g

下準備

- ポリ袋にⒶを入れて袋を大きく膨らませ、数回振って、空気を含ませながらよく混ぜる。
- ココナッツ油は冷蔵室で冷やしかためる。
- ドライクランベリーは水10g（分量外）に浸してひと晩置き、粗みじん切りにする。
- オーブンは天板を入れて160℃に予熱する。

作り方

STEP 1

1 > ボウルにⒶを入れ、ココナッツ油を加える。ポロポロの状態になるまでカードで切るように混ぜたら、サラサラの状態になるまで両手でよくすり合わせる。

2 > 1にⒷを加え、泡立て器でさっくりと混ぜる。

STEP 2

3 > 別のボウルにⒸを入れ、ミルクフォーマーでクリーム状になるまで混ぜる。重曹を加え、さらによく混ぜる。

STEP 3

4 > 3に2、クランベリー、チョコレートチップを加え、ヘラでさっくりと混ぜる。

STEP 4

5 > ポリ袋を切り開いてシート状にし（ラップでもOK）、4の生地をのせて厚さ2.5cmほどの円形に整える。このとき、手に生地がつかないようにポリ袋を使い、直接生地を触らずに形を整える。カードで三角形になるように6つに切り分け、オーブンペーパーに並べる。切りにくかったら、冷蔵室で20〜30分生地を休ませる。

6 > オーブンペーパーごと天板にのせ、160℃のオーブンで10分、さらに180℃で25分ほど焼く。焼き上がったら、網の上にのせて冷ます。粗熱が取れたら、乾燥しないようにポリ袋に入れる。

ザクザク感が広がる
「グルテンフリーオーツ麦」に
キャラメリゼしたピーカンナッツを
合わせた、軽快な食感のスコーン。
メープルシロップを使うと、
簡単にキャラメリゼができます。

ピーカンナッツのオーツ麦スコーン

材料 | 8個分

Ⓐ
- 米粉 … 150g
- 片栗粉 … 20g
- グルテンフリーオーツ麦 … 50g
- ベーキングパウダー … 8g
- きび糖 … 15g
- 塩 … 1.2g

Ⓑ
- 豆乳ヨーグルト … 80g
- 成分無調整豆乳 … 40g
- 米油 … 50g
- レモン汁 … 10g

重曹 … 2g

フィリング
〈ピーカンナッツのキャラメリゼ〉
- ピーカンナッツ … 80g
- メープルシロップ … 40g
- 塩 … 少々

下準備

- ポリ袋にⒶを入れて袋を大きく膨らませ、数回振って、空気を含ませながらよく混ぜる。
- ピーカンナッツのキャラメリゼを作る。
- オーブンは天板を入れて160℃に予熱する。

ピーカンナッツのキャラメリゼの作り方
1. ピーカンナッツは180℃のオーブンで6〜7分ローストする。
2. 鍋にメープルシロップ、塩を入れて火にかけ、沸騰して全体に大きな泡が立ったら、1を加える。
3. ヘラで混ぜ、短い糸を引いたら火を止め、さらに混ぜる。
4. 粗熱が取れたらオーブンペーパーに取り出し、冷めたら粗く刻む。

作り方

STEP 1
1. ボウルにⒶを入れ、泡立て器でさっくりと混ぜる。

STEP 2
2. 別のボウルにⒷを入れ、ミルクフォーマーでクリーム状になるまで混ぜる。重曹を加え、さらによく混ぜる。

STEP 3
3. 1に2、ピーカンナッツのキャラメリゼを加え、ヘラでさっくりと混ぜる。

STEP 4
4. 生地をスプーンなどで8等分になるようにすくいながら、オーブンペーパーに並べ、指先で形を整える。

5. オーブンペーパーごと天板にのせ、160℃のオーブンで10分、さらに180℃で25分ほど焼く。焼き上がったら、網の上にのせて冷ます。粗熱が取れたら、乾燥しないようにポリ袋に入れる。

コーンブレッド

材料　9個分

A
- 米粉 … 150g
- コーンミール … 40g
- ベーキングパウダー … 8g
- きび糖 … 5g

B
- 豆乳ヨーグルト … 60g
- 成分無調整豆乳 … 20g
- 米油 … 40g
- メープルシロップ … 20g
- レモン汁 … 10g

重曹 … 2g

下準備

- ポリ袋にⒶを入れて袋を大きく膨らませ、数回振って、空気を含ませながらよく混ぜる。
- オーブンは天板を入れて160℃に予熱する。

作り方

STEP 1

1 > ボウルにⒶを入れ、泡立て器でさっくりと混ぜる。

STEP 2

2 > 別のボウルにⒷを入れ、ミルクフォーマーでクリーム状になるまで混ぜる。重曹を加え、さらによく混ぜる。

STEP 3

3 > 1に2を加え、ヘラでさっくりと混ぜる。

STEP 4

4 > ポリ袋を切り開いてシート状にし（ラップでもOK）、3の生地をのせて12×12cmほどの正方形に整える。このとき、手に生地がつかないようにポリ袋を使い、直接生地を触らずに形を整える。カードで9つに切り分け、オーブンペーパーに並べる。切りにくかったら、冷蔵室で20〜30分生地を休ませる。

5 > オーブンペーパーごと天板にのせ、160℃のオーブンで10分、さらに180℃で25分ほど焼く。焼き上がったら、網の上にのせて冷ます。粗熱が取れたら、乾燥しないようにポリ袋に入れる。

Scone

米粉に「コーンミール」を合わせて
香ばしく焼き上げる、
グルテンフリーのコーンブレッド。
米粉のもっちり感と
コーンミールのボソボソ感が
いい具合にマッチング！

Part 2
クッキー

サクサクやホロホロと、食感いろいろ

グルテンフリーのクッキーは、
米粉と合わせる粉類や油類によって、
食感いろいろ。
カリカリ、サクサク、ホロホロ、ザクザク。
多彩なバリエーションが楽しめます。
作り方はとても簡単！
食べたいときに手早く焼いて、
いろいろな食感を楽しんでくださいね。

材料MEMO

副材

グルテンフリーオーツ麦
小麦やライ麦、大麦などグルテンを含む穀物とは別の製造ラインで作られたオーツ麦。

水分類

成分無調整豆乳
砂糖や塩、香料が入らない、大豆と水だけの成分無調整豆乳。大豆に含まれるレシチンには乳化作用があり、油と混ぜるとクリーム状になります。

糖類

てんさい糖シロップ
てんさいを原料にして作るオリゴ糖甘味料。糖類を組み合わせて、甘さに奥行き感を出します。

黒糖シロップ
黒糖を原料にして作る独特な風味の甘味料。水あめを加えていないものを選びます。

油脂類

米油
米ぬかから抽出する植物油。風味にクセがなく、米粉との相性抜群です。

ココナッツ油
ココナッツの種子の胚乳から抽出する植物油。24～25℃以下でかたまります。

マーガリン（食品アレルギー対応）
卵、牛乳、大豆を使用せず、製造ラインにも注意を払ったマーガリン。「A-1ソフトマーガリン」がおすすめ。

A-1ソフトマーガリン
ボーソー油脂株式会社
☎ 047-435-7333
オンラインショップなどで購入可能

道具MEMO

ミルクフォーマー
ミルクの泡立て器で、100～1000円程度で入手可能。ハンドミキサーでも代用可能ですが、ミルクフォーマーが断然おすすめ。

031

リッチなコクと風味を醸す
「アーモンド粉」と
カリッと軽い食感を生み出す
「くず粉」を合わせた
シンプルなクッキー。
［水ずり法］で米粉を
フワフワにして作ります。

アーモンド粉クッキー

材料　約30枚分

米粉…100g

冷水…20g

Ⓐ
- アーモンド粉…40g
- くず粉…20g
- きび糖…30g
- 塩…ひとつまみ

Ⓑ
- 米油…40g
- てんさい糖シロップ…20g
- 成分無調整豆乳…20g

下準備

- ポリ袋に米粉を入れて袋を大きく膨らませ、数回振って、空気を含ませる。
- 別のポリ袋にⒶを入れて袋を大きく膨らませ、数回振り、空気を含ませながらよく混ぜる。
- 天板にオーブンペーパーを敷く。
- オーブンは170℃に予熱する。

作り方

STEP 1

1 > 水すり法（011ページ参照）で米粉に空気を含ませ、フワフワの米粉にする。

2 > 1にⒶを加えて泡立て器でさっくりと混ぜ、ザルで3〜4回ふるいながら、しっかりと混ぜ合わせる。

STEP 2

3 > 別のボウルにⒷを入れ、ミルクフォーマーでクリーム状になるまで混ぜる。

STEP 3

4 > 2に3を加え、ヘラでさっくりと混ぜ、生地をひとまとめにする。

STEP 4

5 > ポリ袋に生地を入れ、めん棒で厚さ5mmほどにのばし、冷蔵室で10〜30分休ませる。ポリ袋を切り開いて生地を出し、3.5×3.5cmほどの正方形に切る。

6 > 天板に生地をのせ、170℃のオーブンで18分ほど焼く。すぐにオーブンから出さず、庫内に5分ほど入れたままで乾燥させた後、網の上にのせて完全に冷ます。

最小限の材料だけ使う、
塩味のきいた小さなクッキーです。
チーズの味わいを雑味なく
ストレートに楽しめるのは、米粉ならでは。
5種類のトッピングが、
ホロホロ食感の絶妙なアクセントに!

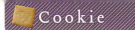

チーズの塩味クッキー

材料 約30個分

米粉 … 90g
冷水 … 20g

Ⓐ パルメザンチーズ … 20g
　塩 … ひとつまみ

Ⓑ 米油（またはオリーブ油）
　 … 50g
　成分無調整豆乳 … 10g

仕上げ
つや出し用
　成分無調整豆乳 … 適量

トッピング
カイエンヌペッパー … 適量
黒胡椒 … 適量
パルメザンチーズ … 適量
キャラウェイシード … 適量
ピンクペッパー … 適量

下準備
● ポリ袋に米粉を入れて袋を大きく膨らませ、数回振って、空気を含ませる。
● 別のポリ袋にⒶを入れて袋を大きく膨らませ、数回振って、空気を含ませながらよく混ぜる。
● 天板にオーブンペーパーを敷く。
● オーブンは170℃に予熱する。

作り方

STEP 1

1 > 水すり法（011ページ参照）で米粉に空気を含ませ、フワフワの米粉にする。

2 > 1にⒶを加えて泡立て器でさっくりと混ぜ、ザルで3〜4回ふるいながら、しっかりと混ぜ合わせる。

STEP 2

3 > 別のボウルにⒷを入れ、ミルクフォーマーでクリーム状になるまで混ぜる。

STEP 3

4 > 2に3を加え、ヘラでさっくりと混ぜ、生地をひとまとめにする。

STEP 4

5 > 生地を直径3cmほどの半球状の小さいスプーンなどですくい、しっかりと詰めてから抜き、指先で形を整える。ハケでつや出し用の成分無調整豆乳を塗り、トッピング各種を飾る。

6 > 天板に生地をのせ、170℃のオーブンで30分ほど焼く。すぐにオーブンから出さず、庫内に5分ほど入れたままで乾燥させた後、網の上にのせて完全に冷ます。

玄米粉クッキー

材料　12枚分

米粉 … 80g
冷水 … 30g

Ⓐ
- 焙煎玄米粉 … 20g
- ベーキングパウダー … 1.5g

マーガリン（食品アレルギー対応）… 50g
きび糖 … 10g
黒糖シロップ … 20g
成分無調整豆乳 … 10g

仕上げ
つや出し用
　成分無調整豆乳 … 適量

トッピング
白いりごま … 適量

下準備

- ポリ袋に米粉を入れて袋を大きく膨らませ、数回振って、空気を含ませる。
- マーガリン、成分無調整豆乳、黒糖シロップは室温に戻しておく。
- 天板にオーブンペーパーを敷く。
- オーブンは170℃に予熱する。

作り方

STEP 1

1 > 水すり法（011ページ参照）で米粉に空気を含ませ、フワフワの米粉にする。

2 > 1にⒶを加えて泡立て器でさっくりと混ぜ、ザルで3～4回ふるいながら、しっかりと混ぜ合わせる。

STEP 2

3 > 別のボウルにマーガリンを入れ、ヘラでやわらかくする。きび糖を2回に分けて加え、その都度混ぜる。黒糖シロップを少しずつ加え、なめらかになるまで混ぜる。成分無調整豆乳を少しずつ加え、混ぜる。

STEP 3

4 > 3に2を加え、ヘラでさっくりと混ぜ、生地をひとまとめにする。

STEP 4

5 > 生地を12等分にし、手のひらで丸めた後、直径4cmほどの円形に整える。焼き上がりが均一になるよう、厚みはそろえること。ハケでつや出し用の成分無調整豆乳を塗り、白いりごまを飾る。

6 > 天板に生地をのせ、170℃のオーブンで30分ほど焼く。すぐにオーブンから出さず、庫内に20分ほど入れたままで乾燥させた後、網の上にのせて完全に冷ます。

Cookie

米粉に「玄米粉」を加えたクッキーは、
朝ごはんにもぴったり。
油ではなくマーガリンを使うことで、
より軽くふんわりと焼き上げます。
トッピングの白いりごまは、
たっぷりのせるのがおすすめ。

米粉クッキーの定番、スノーボール。
ホロホロと崩れる
口どけのよさは、もうたまりません!
「くるみ粉」とくるみのダブル使いの
濃厚なくるみ風味に心躍ります。

くるみのスノーボール

材料 | 約30個分

A
- 米粉 … 80g
- くるみ粉 … 30g
- きび糖 … 10g
- 塩 … ひとつまみ

B
- 米油 … 50g
- メープルシロップ … 14g
- 成分無調整豆乳 … 12g

フィリング
- くるみ … 25g

仕上げ
- 和三盆（または粉砂糖）… 適量

下準備

- ポリ袋にⒶを入れて袋を大きく膨らませ、数回振って、空気を含ませながらよく混ぜる。
- くるみは170℃のオーブンで8分ほどローストし、熱いうちに渋皮を取り、8mm角に切る。
- 天板にオーブンペーパーを敷き、その上にキッチンペーパーを重ねる（余分な油を吸い取るため）。焼成中、キッチンペーパーに着火することはないので、安心して。
- オーブンは170℃に予熱する。

作り方

STEP 1

1 > ボウルにⒷを入れ、ミルクフォーマーでクリーム状になるまで混ぜる。

STEP 2

2 > 別のボウルにⒶを入れ、1、くるみを加えてヘラでさっくりと混ぜ、生地をひとまとめにする。

STEP 3

3 > 生地を約30等分にし、手のひらで丸める。

4 > 天板に生地をのせ、170℃のオーブンで20分ほど焼く。すぐにオーブンから出さず、庫内に5分ほど入れたままで乾燥させた後、網の上にのせる。粗熱が取れたら、和三盆を全体にまぶす。

黒ごまクッキー

材料　20枚分

Ⓐ
- 米粉 … 80g
- 黒すりごま … 40g
- きび糖 … 10g
- 塩 … ひとつまみ

Ⓑ
- 太白ごま油（または米油）… 50g
- てんさい糖シロップ … 14g
- 成分無調整豆乳 … 12g

下準備

- ポリ袋にⒶを入れて袋を大きく膨らませ、数回振って、空気を含ませながらよく混ぜる。
- 天板にオーブンペーパーを敷く。
- オーブンは170℃に予熱する。

作り方

STEP 1

1 > ボウルにⒷを入れ、ミルクフォーマーでクリーム状になるまで混ぜる。

STEP 2

2 > 別のボウルにⒶを入れ、1を加えてヘラでさっくりと混ぜる。ポリ袋に生地を入れ、ひとまとめにする。

STEP 3

3 > 生地を20等分し、手のひらで丸めた後、直径3cmほどの円形に整える。焼き上がりが均一になるよう、厚みはそろえること。

4 > 天板に生地をのせ、170℃のオーブンで18分ほど焼く。すぐにオーブンから出さず、庫内に5分ほど入れたままで乾燥させた後、網の上にのせて完全に冷ます。

Cookie

香ばしい「黒すりごま」を
たっぷりと加えます。
透明な太白ごま油を使い、
より軽くホロリとした食感に。
黒ごまの風味がふわりと広がる、
ごはんみたいなクッキーです。

チョコレートアーモンドクッキー

材料　約18枚分

A
- 米粉 … 50g
- アーモンド粉 … 30g
- くず粉 … 15g
- 純ココアパウダー … 10g
- ベーキングパウダー … 1g

B
- ココナッツ油 … 50g
- きび糖 … 15g
- 黒糖シロップ … 15g
- 水 … 10g
- 塩 … ひとつまみ

フィリング
- スライスアーモンド … 20g

下準備

- ポリ袋にⒶを入れて袋を大きく膨らませ、数回振って、空気を含ませながらよく混ぜる。
- ココナッツ油は溶かしておく。
- スライスアーモンドは190℃のオーブンで5分ほどローストし、粗く砕く。
- 天板にオーブンペーパーを敷く。
- オーブンは170℃に予熱する。

作り方

STEP 1

1 > ボウルにⒷを入れ、ミルクフォーマーでクリーム状になるまで混ぜる。

STEP 2

2 > 別のボウルにⒶを入れ、1、スライスアーモンドを加えてヘラでさっくりと混ぜ、生地をひとまとめにする。

STEP 3

3 > ポリ袋に生地を入れ、一辺4.5cmほどの三角形に成形し、冷蔵室で30分以上休ませる。ポリ袋を切り開いて生地を出し、厚さ8mmほどに切る。

4 > 天板に生地をのせ、170℃のオーブンで20分ほど焼く。すぐにオーブンから出さず、庫内に5分ほど入れたまま乾燥させた後、網の上にのせて完全に冷ます。

Cookie

「アーモンド粉」と「くず粉」を
合わせるシンプルクッキーに、
ビターなココアと香ばしい
アーモンドのおいしさをプラス。
ココナッツ油を使って、
カリカリ&サクサクの歯ごたえに焼き上げます。

043

「グルテンフリーオーツ麦」を混ぜ込んだ、
ザクザク食感が軽快なクッキー。
ココナッツ油とマーガリンの相乗効果で、
飽きのこないライトな焼き上がり。
きび糖が奏でる素朴な甘みも魅力です。

Cookie

オーツ麦クッキー

材料 24枚分

A
- 米粉 … 90g
- アーモンド粉 … 30g
- グルテンフリーオーツ麦 … 100g
- ベーキングパウダー … 2g

B
- ココナッツ油 … 40g
- マーガリン（食品アレルギー対応）… 40g
- きび糖 … 50g
- 成分無調整豆乳 … 20g
- レモン汁 … 4g

下準備

- ポリ袋にⒶを入れて袋を大きく膨らませ、数回振って、空気を含ませながらよく混ぜる。
- ココナッツ油は溶かしておく。
- マーガリン、成分無調整豆乳は室温に戻しておく。
- 天板にオーブンペーパーを敷く。
- オーブンは180℃に予熱する。

作り方

STEP 1

1 > ボウルにココナッツ油、マーガリンを入れ、泡立て器でクリーム状になるまで混ぜる。きび糖を3回に分けて加え、その都度混ぜる。成分無調整豆乳を少しずつ加え、混ぜる。レモン汁を加え、混ぜる。

STEP 2

2 > 1にⒶを加え、ヘラでさっくりと混ぜ、生地をひとまとめにする。

STEP 3

3 > 生地を24等分し、スプーンなどですくいながら天板に並べ、直径5.5cmほどの円形に整える。焼き上がりが均一になるよう、厚みはそろえること。

4 > 180℃のオーブンで23分ほど焼く。すぐにオーブンから出さず、庫内に5分ほど入れたままで乾燥させた後、網の上にのせて完全に冷ます。

Part 3

マフィン

もっちりとした、
リッチな味わい

グルテンフリーのマフィンは、
モソモソして食べにくそうだし、
ホームメイドは難しそう……。
いえいえ、そんなことはありません！
卵も乳製品も使っていないのに、
驚くほどリッチな味わいに焼き上がります。
おやつ系には、米粉に、ふんわりと
食べやすい食感を加える「大豆粉」、
お食事系には、生地を軽く仕上げる
「ひよこ豆粉」を混ぜています。
ぜひ焼きたてを味わってください。

muffin

材料MEMO

副材

焙煎玄米胚芽（粉末）
玄米の胚芽部分を焙煎して粉末にしたもの。米粉と混ぜて、風味づけに使います。

水分類

成分無調整豆乳
砂糖や塩、香料が入らない、大豆と水だけの成分無調整豆乳。大豆に含まれるレシチンには乳化作用があり、油と混ぜるとクリーム状になります。

グルテンフリーしょうゆ
小麦を一切使用せず、主原料に大豆を使うしょうゆ。味は一般的なしょうゆと変わりません。

糖類

てんさい糖シロップ
てんさいを原料にして作るオリゴ糖甘味料。糖類を組み合わせて、甘さに奥行き感を出します。

黒糖シロップ
黒糖を原料にして作る独特な風味の甘味料。水あめを加えていないものを選びます。

油脂類

米油
米ぬかから抽出する植物油。風味にクセがなく、米粉との相性抜群です。

道具MEMO

ミルクフォーマー
ミルクの泡立て器で、100〜1000円程度で入手可能。ハンドミキサーでも代用可能ですが、ミルクフォーマーが断然おすすめ。

温度計
製菓用の温度計があると便利。計量と同様、温度管理もお菓子作りの大切なポイント。

きな粉マフィン

材料 　直径4.5cmのマフィン型12個分

A
- 米粉 … 95g
- きな粉 … 20g
- ベーキングパウダー … 6g

B
- 成分無調整豆乳 … 95g
- 米油 … 30g
- 黒糖シロップ … 20g
- きび糖 … 15g

レモン汁 … 5g

下準備

- ポリ袋にⒶを入れて袋を大きく膨らませ、数回振って、空気を含ませながらよく混ぜる。
- 鍋にⒷを入れて合わせ、55〜60℃に温める。
- 型にシリコン加工のグラシンカップを入れる。
- オーブンは200℃に予熱する。

作り方

STEP 1

1 > ボウルにⒷを入れ、ミルクフォーマーで小さな泡状になるまで混ぜる。レモン汁を加え、メレンゲのような細かい泡状になるまでさらによく混ぜる。

STEP 2

2 > 1にⒶを加え、ヘラでさっくりと混ぜる。

STEP 3

3 > 生地をスプーンなどで12等分になるようにすくいながら、型に入れる。

4 > 予熱より温度を下げた180℃のオーブンで25分ほど焼く。焼き色が強いようなら、途中でアルミ箔をかぶせる。生地に竹串を刺してベトベトした生地がつかなければ、焼き上がり。型から出し、網の上にのせて冷ます。

コクのある「きな粉」を混ぜた、
もっちり食感のプレーンなマフィン。
そのまま食べるだけでなく、
ジャムをつけたり、フルーツをはさんだり。
塩おにぎりのような感覚で、
アレンジを工夫して楽しみましょう。

ポピーシードマフィン

材料　直径4.5cmのマフィン型12個分

A
- 米粉 … 90g
- 大豆粉 … 10g
- アーモンド粉 … 10g
- ポピーシード … 10g
- ベーキングパウダー … 6g

B
- 成分無調整豆乳 … 90g
- 米油 … 30g
- メープルシロップ … 15g
- てんさい糖シロップ … 15g
- レモン汁 … 5g

アイシング
- 粉砂糖 … 20g
- 水 … 2g
- レモン汁 … 2g

トッピング
- オレンジピール … 適量

下準備

- ポリ袋にⒶを入れて袋を大きく膨らませ、数回振って、空気を含ませながらよく混ぜる。
- 鍋にⒷを入れて合わせ、55〜60℃に温める。
- オレンジピールは5mm角に切る。
- 型にシリコン加工のグラシンカップを入れる。
- オーブンは200℃に予熱する。

作り方

STEP 1
1 > ボウルにⒷを入れ、ミルクフォーマーで小さな泡状になるまで混ぜる。レモン汁を加え、メレンゲのような細かい泡状になるまでさらによく混ぜる。

STEP 2
2 > 1にⒶを加え、ヘラでさっくりと混ぜる。

STEP 3
3 > 生地をスプーンなどで12等分になるようにすくいながら、型に入れる。

4 > 予熱より温度を下げた180℃のオーブンで25分ほど焼く。焼き色が強いようなら、途中でアルミ箔をかぶせる。生地に竹串を刺してベトベトした生地がつかなければ、焼き上がり。型から出し、網の上にのせて冷ます。

STEP 4
5 > アイシングの材料をよく混ぜ、4が冷めたら、表面にスプーンでたらし、オレンジピールを飾る。

Muffin

ふんわり食感を出す「大豆粉」と
リッチなコクの「アーモンド粉」で
しっとりとした生地に焼き上げます。
甘いアイシングとほろ苦いオレンジピールの
トッピングがベストマッチ！

米粉にふんわり食感の「大豆粉」を加えた、
しっとりモチモチのマフィン。
ココアとチョコレートチップで、
濃厚なダブルチョコレートに焼き上げます。
メープルシロップの
独特のやさしい甘みもほのかに漂います。

ダブルチョコレートマフィン

材料　直径4.5cmのマフィン型12個分

A
- 米粉 … 85g
- 大豆粉 … 20g
- 純ココアパウダー … 15g
- ベーキングパウダー … 6g

B
- 成分無調整豆乳 … 125g
- 米油 … 30g
- きび糖 … 25g
- メープルシロップ … 20g
- レモン汁 … 5g

フィリング
- チョコレートチップ … 25g

トッピング
- ココナッツファイン … 適量

下準備

- ポリ袋にⒶを入れて袋を大きく膨らませ、数回振って、空気を含ませながらよく混ぜる。
- 鍋にⒷを入れて合わせ、55〜60℃に温める。
- 型にシリコン加工のグラシンカップを入れる。
- オーブンは200℃に予熱する。

作り方

STEP 1

1 > ボウルにⒷを入れ、ミルクフォーマーで小さな泡状になるまで混ぜる。レモン汁を加え、メレンゲのような細かい泡状になるまでさらによく混ぜる。

STEP 2

2 > 1にⒶ、チョコレートチップを加え、ヘラでさっくりと混ぜる。

STEP 3

3 > 生地をスプーンなどで12等分になるようにすくいながら、型に入れる。表面にココナッツファインをちらす。

4 > 予熱より温度を下げた180℃のオーブンで25分ほど焼く。焼き色が強いようなら、途中でアルミ箔をかぶせる。生地に竹串を刺してベトベトした生地がつかなければ、焼き上がり。型から出し、網の上にのせて冷ます。

油は使わず、
成分無調整豆乳もかなり少なめ。
その代わり、バナナの水分を利用します。
解凍バナナは生よりもつぶしやすく、
生地とも混ざりやすいのが特徴です。

くるみ&チョコレートの
バナナマフィン

| 材料 | 直径4.5cmのマフィン型12個分 |

Ⓐ 米粉 … 100g
　ベーキングパウダー … 5g
　塩 … 少々

Ⓑ 成分無調整豆乳 … 25g
　メープルシロップ … 約10g
　（バナナの甘さにより量を加減）

フィリング
　くるみ … 35g
　チョコレートチップ … 15g

バナナ … 135g
レモン汁 … 5g

下準備

- バナナはシュガースポット（皮の茶色い斑点）が出たものを冷凍し、使う前に解凍しておく。
- ポリ袋にⒶを入れて袋を大きく膨らませ、数回振って、空気を含ませながらよく混ぜる。
- くるみは190℃のオーブンで7〜8分ローストし、粗く刻む。
- 型にシリコン加工のグラシンカップを入れる。
- オーブンは200℃に予熱する。

作り方

STEP 1

1 > ボウルにバナナを入れてスプーンなどでつぶし、Ⓑを加えてヘラで混ぜる。

STEP 2

2 > 1にⒶ、くるみ、チョコレートチップを加え、さっくりと混ぜる。

STEP 3

3 > 生地をスプーンなどで12等分になるようにすくいながら、型に入れる。

4 > 予熱より温度を下げた180℃のオーブンで25分ほど焼く。焼き色が強いようなら、途中でアルミ箔をかぶせる。生地に竹串を刺してベトベトした生地がつかなければ、焼き上がり。型から出し、網の上にのせて冷ます。

小倉あん入り抹茶マフィン

| 材料 | 直径4.5cmのマフィン型12個分 |

A
- 米粉 … 115g
- 大豆粉 … 10g
- 抹茶パウダー … 5g
- ベーキングパウダー … 6g

B
- 成分無調整豆乳 … 95g
- 米油 … 30g
- きび糖 … 20g
- てんさい糖シロップ … 20g
- レモン汁 … 5g

フィリング
- 小倉あん … 96g

下準備

- ポリ袋にⒶを入れて袋を大きく膨らませ、数回振って、空気を含ませながらよく混ぜる。
- 鍋にⒷを入れて合わせ、55～60℃に温める。
- 型にシリコン加工のグラシンカップを入れる。
- オーブンは200℃に予熱する。

作り方

STEP 1

1 > ボウルにⒷを入れ、ミルクフォーマーで小さな泡状になるまで混ぜる。レモン汁を加え、メレンゲのような細かい泡状になるまでさらによく混ぜる。

STEP 2

2 > 1にⒶを加え、ヘラでさっくりと混ぜる。

STEP 3

3 > 生地をスプーンなどで型の半分まで入れ、12等分した小倉あんをのせ、残りの生地を入れる。

4 > 予熱より温度を下げた180℃のオーブンで25分ほど焼く。焼き色が強いようなら、途中でアルミ箔をかぶせる。生地に竹串を刺してベトベトした生地がつかなければ、焼き上がり。型から出し、網の上にのせて冷ます。

Muffin

米粉と「大豆粉」と抹茶を混ぜた、しっとりモチモチの和マフィン。おにぎりの具材のように、小倉あんを生地に入れて焼き上げます。

サクッと軽い食感を出す
「ひよこ豆粉」と「玄米胚芽（粉末）」の生地に
ポテトとチーズのフィリングを混ぜた、
お食事系マフィン。
コンソメと塩の味つけが新鮮です。

お食事系

ポテトの玄米胚芽マフィン

材料　直径7cmのマフィン型6個分

A
- 米粉 … 160g
- ひよこ豆粉 … 20g
- 焙煎玄米胚芽（粉末）… 10g
- ベーキングパウダー … 8g

B
- 成分無調整豆乳 … 150g
- 米油 … 30g
- グルテンフリーコンソメ（顆粒）… 1.5g
- 塩 … 1g

りんご酢 … 5g

フィリング
- じゃがいも … 130g
- スモークチーズ … 60g

下準備

- ポリ袋にⒶを入れて袋を大きく膨らませ、数回振って、空気を含ませながらよく混ぜる。
- 鍋にⒷを入れて合わせ、55〜60℃に温める。
- 型にシリコン加工のグラシンカップを入れる。
- オーブンは200℃に予熱する。
- フィリングを作る。

フィリングの作り方
1. じゃがいもは1.5cm角に切る。
2. オリーブ油適量（分量外）で1を軽く炒め、塩、胡椒各適量（ともに分量外）をふり、冷ます。
3. スモークチーズは1cm角に切る

作り方

STEP 1

1. ボウルにⒷを入れ、ミルクフォーマーで小さな泡状になるまで混ぜる。りんご酢を加え、メレンゲのような細かい泡状になるまでさらによく混ぜる。

STEP 2

2. 1にⒶ、フィリングを加え、ヘラでさっくりと混ぜる。

STEP 3

3. 生地をスプーンなどで6等分になるようにすくいながら、型に入れる。

4. 予熱より温度を下げた180℃のオーブンで20分、さらに190℃で10分、200℃で10分ほど焼く。生地に竹串を刺してベトベトした生地がつかなければ、焼き上がり。型から出し、網の上にのせて冷ます。

お食事系

ツナ＆トマトの塩味マフィン

材料　直径7cmのマフィン型6個分

Ⓐ
- 米粉 … 160g
- ひよこ豆粉 … 20g
- ベーキングパウダー … 8g

Ⓑ
- 成分無調整豆乳 … 150g
- オリーブ油 … 20g
- ツナ缶詰の油 … 15g
- ハーブソルト … 1.5g

フィリング
- ツナ缶詰 … 50g
- ドライトマト … 10g

りんご酢 … 5g

下準備

- ポリ袋にⒶを入れて袋を大きく膨らませ、数回振って、空気を含ませながらよく混ぜる。
- ツナ缶詰は油をよくきり、軽くほぐす。油はとっておく。
- 鍋にⒷを入れて合わせ、55〜60℃に温める。
- ドライトマトは水3g（分量外）でゆっくり戻し、粗みじん切りにする。
- 型にシリコン加工のグラシンカップを入れる。
- オーブンは200℃に予熱する。

作り方

STEP 1

1 > ボウルにⒷを入れ、ミルクフォーマーで小さな泡状になるまで混ぜる。りんご酢を加え、メレンゲのような細かい泡状になるまでさらによく混ぜる。

STEP 2

2 > 1にⒶ、フィリングを加え、ヘラでさっくりと混ぜる。

STEP 3

3 > 生地をスプーンなどで6等分になるようにすくいながら、型に入れる。

4 > 予熱より温度を下げた180℃のオーブンで20分、さらに190℃で10分、200℃で10分ほど焼く。生地に竹串を刺してベトベトした生地がつかなければ、焼き上がり。型から出し、網の上にのせて冷ます。

Muffin

軽さのあるモチモチ生地に、
ツナとトマトのフィリングを合わせます。
ワインと一緒に、
あるいは肉料理や魚料理に添えて。
おもてなしにもなる、
新感覚のグルテンフリーマフィンです。

> お食事系

たこ&枝豆のアヒージョマフィン

材料　直径7cmのマフィン型6個分

Ⓐ
- 米粉 … 170g
- ひよこ豆粉 … 20g
- ベーキングパウダー … 8g

Ⓑ
- 成分無調整豆乳 … 150g
- アヒージョ油 … 30g
  （足りない場合は、オリーブ油を足す）
- りんご酢 … 5g

フィリング
- ゆでたこの足 … 60g
- 枝豆（さやから出したもの） … 60g
- バジルペースト … 小さじ2

下準備

- ポリ袋にⒶを入れて袋を大きく膨らませ、数回振って、空気を含ませながらよく混ぜる。
- フィリングを作る。
- 鍋にⒷを入れて合わせ、55〜60℃に温める。
- 型にシリコン加工のグラシンカップを入れる。
- オーブンは200℃に予熱する。

フィリングの作り方
1. たこの足は食べやすい大きさに切る。
2. オリーブ油大さじ1（分量外）でつぶしてみじん切りにしたにんにく1片（分量外）、赤唐辛子1/2本（分量外）を炒めて香りを出し、1、枝豆、バジルペーストをからめる。
3. フィリングとアヒージョ油を取り分け、冷ます。

作り方

STEP 1
1. ボウルにⒷを入れ、ミルクフォーマーで小さな泡状になるまで混ぜる。りんご酢を加え、メレンゲのような細かい泡状になるまでさらによく混ぜる。

STEP 2
2. 1にⒶ、フィリングを加え、ヘラでさっくりと混ぜる。

STEP 3
3. 生地をスプーンなどで6等分になるようにすくいながら、型に入れる。

4. 予熱より温度を下げた180℃のオーブンで20分、さらに190℃で10分、200℃で10分ほど焼く。生地に竹串を刺してベトベトした生地がつかなければ、焼き上がり。型から出し、網の上にのせて冷ます。

Muffin

アヒージョとは、スペイン語で
「にんにく風味」という意味。
アヒージョ油を混ぜるので、
食欲をそそる香りが漂います。
スペイン風たこ焼きみたいな
お食事系マフィンです。

グルテンフリーしょうゆで味つけした、
キャベツたっぷりのお食事系。
オイルサーディン（いわしの油づけ）の
独特の風味が、ベストマッチ！

お食事系

キャベツのしょうゆ味マフィン

| 材料 | 直径7cmのマフィン型6個分 |

Ⓐ
- 米粉 … 170g
- ひよこ豆粉 … 20g
- ベーキングパウダー … 8g

Ⓑ
- 成分無調整豆乳 … 150g
- 米油 … 30g
- グルテンフリーしょうゆ … 5g
- りんご酢 … 5g

フィリング
- キャベツ … 150g
- オイルサーディン … 50g
- 粒マスタード … 20g

下準備

- ポリ袋にⒶを入れて袋を大きく膨らませ、数回振って、空気を含ませながらよく混ぜる。
- 鍋にⒷを入れて合わせ、55〜60℃に温める。
- 型にシリコン加工のグラシンカップを入れる。
- オーブンは200℃に予熱する。
- フィリングを作る。

フィリングの作り方
1. キャベツは粗みじん切りにする。
2. オリーブ油適量（分量外）で1を炒め、塩、胡椒各適量（ともに分量外）、グルテンフリーコンソメ2g（顆粒／分量外）をふる。オイルサーディンを加え、汁気を飛ばすように炒める。
3. 粒マスタードを加え、冷ます。

作り方

STEP 1

1. ボウルにⒷを入れ、ミルクフォーマーで小さな泡状になるまで混ぜる。りんご酢を加え、メレンゲのような細かい泡状になるまでさらによく混ぜる。

STEP 2

2. 1にⒶ、フィリングを加え、ヘラでさっくりと混ぜる。

STEP 3

3. 生地をスプーンなどで6等分になるようにすくいながら、型に入れる。

4. 予熱より温度を下げた180℃のオーブンで20分、さらに190℃で10分、200℃で10分ほど焼く。生地に竹串を刺してベトベトした生地がつかなければ、焼き上がり。型から出し、網の上にのせて冷ます。

Part 4

ビスコッティ

ザクザクッと、
軽快な食感！

ビスコッティは「2度焼いた」
という意味のイタリア郷土菓子。
1度目はなまこ形にして焼き、
取り出してスライスした後
2度目は低温で水分を飛ばして焼き上げます。
クッキーのようなサクサク感はありませんが、
本場イタリアのビスコッティほどかたくなく、
ザクザクッと軽快な食感が楽しめる、
食べやすいグルテンフリーのビスコッティです。
ティータイムのおやつに、
また、朝食としても楽しめます。

Biscotti

材料MEMO

副材

焙煎玄米胚芽（粉末）
玄米の胚芽部分を焙煎して粉末にしたもの。米粉と混ぜて、風味づけに使います。

水分類

グルテンフリーしょうゆ
小麦を一切使用せず、主原料に大豆を使うしょうゆ。味は一般的なしょうゆと変わりません。

糖類

てんさい糖シロップ
てんさいを原料にして作るオリゴ糖甘味料。糖類を組み合わせて、甘さに奥行き感を出します。

卵

卵
レシピでは1個分ではないので計量がちょっと面倒ですが、材料表にある分量は守りましょう。

米粉にココヤシの果肉の粉末
「ココナッツファイン」を加えます。
ザクザクの食感に、甘くてトロピカルな
ココナッツ風味がよく合います。
甘みのアクセントに、コクのあるはちみつをプラス。

ココナッツビスコッティ

| 材料 | 約15枚分 |

Ⓐ 米粉 … 120g
　ココナッツファイン … 50g
　ベーキングパウダー … 6g

Ⓑ 卵 … 45g
　水 … 30g
　きび糖 … 35g
　はちみつ … 15g

| 下準備 |

- ポリ袋にⒶを入れて袋を大きく膨らませ、数回振って、空気を含ませながらよく混ぜる。
- 天板にオーブンペーパーを敷く。
- オーブンは180℃に予熱する。

| 作り方 |

STEP 1

1 > ボウルにⒷを入れ、泡立て器で混ぜる。卵のこしがきれ、材料が軽く混ざる程度でOK。

STEP 2

2 > 1にⒶを加え、ヘラで粉っぽさがなくなるまで混ぜる。

STEP 3

3 > ポリ袋を切り開いてシート状にし（ラップでもOK）、2の生地を10×16cmほどのなまこ形に整える。

4 > 天板に生地をのせ、180℃のオーブンで15分ほど焼く。

5 > 天板ごと取り出し、粗熱が取れたら、オーブンペーパーごと網の上にのせて冷ます。幅1〜1.5cmに切る。

6 > 150℃に温度を下げたオーブンで25分ほど焼く。すぐにオーブンから出さず、庫内に30分ほど入れたままで乾燥させた後、網の上にのせて完全に冷ます。

栄養価が高くて独特の風味をもつ
「焙煎玄米胚芽(粉末)」を混ぜると、
きれいなブラウンの
グルテンフリービスコッティが焼き上がります。
ローストしたくるみの食感がたまりません。

くるみの
玄米胚芽ビスコッティ

材料　約15枚分

Ⓐ
- 米粉 … 120g
- 焙煎玄米胚芽（粉末）… 25g
- ベーキングパウダー … 6g

Ⓑ
- 卵 … 45g
- 水 … 30g
- きび糖 … 30g
- てんさい糖シロップ … 15g

フィリング
- くるみ … 40g

下準備

- ポリ袋にⒶを入れて袋を大きく膨らませ、数回振って、空気を含ませながらよく混ぜる。
- くるみは190℃のオーブンで7〜8分ローストし、粗く刻む。
- 天板にオーブンペーパーを敷く。
- オーブンは180℃に予熱する。

作り方

STEP 1

1 > ボウルにⒷを入れ、泡立て器で混ぜる。卵のこしがきれ、材料が軽く混ざる程度でOK。

STEP 2

2 > 1にⒶ、くるみを加え、ヘラで粉っぽさがなくなるまで混ぜる。

STEP 3

3 > ポリ袋を切り開いてシート状にし（ラップでもOK）、2の生地を10×15cmほどのなまこ形に整える。

4 > 天板に生地をのせ、180℃のオーブンで15分ほど焼く。

5 > 天板ごと取り出し、粗熱が取れたら、オーブンペーパーごと網の上にのせて冷ます。幅1〜1.5cmに切る。

6 > 150℃に温度を下げたオーブンで25分ほど焼く。すぐにオーブンから出さず、庫内に30分ほど入れたままで乾燥させた後、網の上にのせて完全に冷ます。

ピーカンナッツの
コーヒービスコッティ

材料　約15枚分

Ⓐ
米粉 … 120g
アーモンド粉 … 20g
ベーキングパウダー … 6g

Ⓑ
卵 … 45g
コーヒー液 … 20g
メープルシロップ … 25g
きび糖 … 15g

フィリング
ピーカンナッツ … 40g

下準備

- ポリ袋にⒶを入れて袋を大きく膨らませ、数回振って、空気を含ませながらよく混ぜる。
- コーヒー液はインスタントコーヒー粉5gを湯25gで溶かしたものを20g用意する。
- ピーカンナッツは180℃のオーブンで6分ほどローストし、粗く刻む。
- 天板にオーブンペーパーを敷く。
- オーブンは180℃に予熱する。

作り方

STEP 1

1 > ボウルにⒷを入れ、泡立て器で混ぜる。卵のこしがきれ、材料が軽く混ざる程度でOK。

STEP 2

2 > 1にⒶ、ピーカンナッツを加え、ヘラで粉っぽさがなくなるまで混ぜる。

STEP 2

3 > ポリ袋を切り開いてシート状にし（ラップでもOK）、2の生地を10×16cmほどのなまこ形に整える。

4 > 天板に生地をのせ、180℃のオーブンで15分ほど焼く。

5 > 天板ごと取り出し、粗熱が取れたら、オーブンペーパーごと網の上にのせて冷ます。幅1〜1.5cmに切る。

6 > 150℃に温度を下げたオーブンで25分ほど焼く。すぐにオーブンから出さず、庫内に30分ほど入れたままで乾燥させた後、網の上にのせて完全に冷ます。

Biscotti

コクと風味が増す「アーモンド粉」を加え、
水分をコーヒー液にしてアレンジした
ビスコッティは絶品。
メープルシロップのやさしい甘みが
コーヒー味を引き立てます。

すりごまといりごま、2種類の黒ごまを使う、
ごまマニア垂涎のレシピ。
グルテンフリーしょうゆで、
和風の味つけに仕上げます。
コーヒーはもちろん、
抹茶やほうじ茶などの日本茶にもぴったり。

黒ごまビスコッティ

材料 | 約15枚分

Ⓐ
- 米粉 … 100g
- 大豆粉 … 30g
- 黒すりごま … 25g
- 黒いりごま … 15g
- ベーキングパウダー … 6g

Ⓑ
- 卵 … 50g
- 水 … 40g
- 太白ごま油 … 10g
- きび糖 … 30g
- グルテンフリーしょうゆ … 6g

下準備

- ポリ袋にⒶを入れて袋を大きく膨らませ、数回振って、空気を含ませながらよく混ぜる。
- 天板にオーブンペーパーを敷く。
- オーブンは180℃に予熱する。

作り方

STEP 1

1 > ボウルにⒷを入れ、泡立て器で混ぜる。卵のこしがきれ、材料が軽く混ざる程度でOK。

STEP 2

2 > 1にⒶを加え、ヘラで粉っぽさがなくなるまで混ぜる。

STEP 3

3 > ポリ袋を切り開いてシート状にし（ラップでもOK）、2の生地を10×18cmほどのなまこ形に整える。

4 > 天板に生地をのせ、180℃のオーブンで15分ほど焼く。

5 > 天板ごと取り出し、粗熱が取れたら、オーブンペーパーごと網の上にのせて冷ます。幅1～1.5cmに切る。

6 > 150℃に温度を下げたオーブンで30分ほど焼く。すぐにオーブンから出さず、庫内に30分ほど入れたままで乾燥させた後、網の上にのせて完全に冷ます。

> お食事系

チーズ&ハーブの塩味ビスコッティ

材料 | 約15枚分

A
- 米粉 … 120g
- アーモンド粉 … 20g
- パルメザンチーズ … 30g
- ドライバジル … 小さじ2
- ドライローズマリー … 小さじ½
- 黒胡椒 … 少々
- 塩 … 1.5g

B
- 卵 … 45g
- 水 … 35g
- オリーブ油 … 20g

フィリング
- ピスタチオ … 10g

下準備

- ポリ袋にⒶを入れて袋を大きく膨らませ、数回振って、空気を含ませながらよく混ぜる。
- 天板にオーブンペーパーを敷く。
- オーブンは180℃に予熱する。

作り方

STEP 1

1 > ボウルにⒷを入れ、泡立て器で混ぜる。卵のこしがきれ、材料が軽く混ざる程度でOK。

STEP 2

2 > 1にⒶ、ピスタチオを加え、ヘラで粉っぽさがなくなるまで混ぜる。

STEP 3

3 > ポリ袋を切り開いてシート状にし（ラップでもOK）、2の生地を8×15cmほどのなまこ形に整える。

4 > 天板に生地をのせ、180℃のオーブンで15分ほど焼く。

5 > 天板ごと取り出し、粗熱が取れたら、オーブンペーパーごと網の上にのせて冷ます。幅1〜1.5cmに切る。

6 > 150℃に温度を下げたオーブンで25分ほど焼く。すぐにオーブンから出さず、庫内に30分ほど入れたままで乾燥させた後、網の上にのせて完全に冷ます。

Biscotti

コクと風味を出す「アーモンド粉」と
「パルメザンチーズ」を加え、
ハーブや黒胡椒も混ぜた、
お食事系の塩味ビスコッティ。
スープと一緒に朝ごはん、
ワインやビールのおともによく合います。

Part 5

シフォンケーキ

きめ細かくて、フワフワ!

もともとシンプルな材料と
レシピで作るシフォンケーキは、
雑味がない米粉で作ると、
さらにおいしさが引き立ちます。
水分を変えたり、粉類を加えたりして、
アレンジを楽しめます。
グルテンフリーのシフォンケーキでも、
きめ細かくてフワフワの生地作りは、
メレンゲが命。
メレンゲ作りは手抜きをせず、
ていねいにやりましょう。

Chiffon
Cake

材料MEMO

油脂類

米油
米ぬかから抽出する植物油。風味にクセがなく、米粉との相性抜群です。

卵

卵黄
シフォンケーキは卵をたくさん使うので、分量が大事。材料表にあるL玉を使います。新鮮なものを選んでください。

卵白
使う直前まで冷蔵室で冷やしておくと、きめの細かく安定した泡が作れます。

道具MEMO

ハンドミキサー
メレンゲ作りには必要不可欠。ぜひ準備しましょう。

ボウル
メレンゲは水気と油気を嫌うので、メレンゲ作りで使うボウルは事前によくふいて、チェックしておきます。

プレーンシフォンケーキ

材料　直径17cmのシフォン型1台分

米粉 … 90g

卵黄 … L玉3個分
きび糖 … 40g
米油 … 30g
水 … 35g

メレンゲ
卵白 … L玉4個分
レモン汁 … 2g
きび糖 … 30g

下準備

- ポリ袋に米粉を入れて袋を大きく膨らませ、数回振って空気を含ませる。
- 卵白は冷蔵室で冷やす。
- オーブンは170℃で20分ほど予熱する。

作り方

STEP 1

1 > ボウルに卵黄、きび糖を入れ、ハンドミキサーの高速で、もったりするまで混ぜる。米油を3回に分けて加え、その都度混ぜる。低速にして、水を3回に分けて加え、その都度混ぜる。米粉を加え、粉っぽさがなくなるまで混ぜる。

STEP 2

2 > 別のボウルに卵白、レモン汁、きび糖ひとつまみ（分量内）を入れ、ハンドミキサーの中速で泡立てる。均一な細かい泡になったら、高速にして、残りのきび糖を3回に分けて加えてその都度混ぜ、角がしっかり立つメレンゲを作る。

STEP 3

3 > 1に2のメレンゲをヘラでひとすくいして加え、よく混ぜる。

4 > 2のメレンゲに3を加え、ヘラで泡をつぶさないように手早く混ぜる。

STEP 4

5 > 型に生地を流し入れ、竹串を4〜5周させて、生地の中の大きな気泡をつぶす。

6 > 170℃のオーブンで35分ほど焼く。生地に竹串を刺してベトベトした生地がつかなければ、焼き上がり。すぐ逆さまにして完全に冷まし、型から外す。

角が立つしっかりとしたメレンゲを作り
泡がつぶれないように卵黄生地と混ぜるのが、
成功のポイントです。
メレンゲの力でしっとりフワフワに膨らみます!

水分をコーヒー液にして、
アレンジを楽しみます。
フィリングのチョコレートとも
うまくマッチする
ちょっとビターな大人味です。

カフェモカシフォンケーキ

材料　直径17cmのシフォン型1台分

米粉 … 90g

卵黄 … L玉3個分
きび糖 … 40g
米油 … 30g
コーヒー液 … 41g

メレンゲ
卵白 … L玉4個分
レモン汁 … 2g
きび糖 … 35g

フィリング
チョコレートチップ … 30g

下準備

- ポリ袋に米粉を入れて袋を大きく膨らませ、数回振って空気を含ませる。
- 卵白は冷蔵室で冷やす。
- コーヒー液はインスタントコーヒー粉6gを湯35gで溶かしたもの。
- オーブンは170℃で20分ほど予熱する。

作り方

STEP 1

1 > ボウルに卵黄、きび糖を入れ、ハンドミキサーの高速で、もったりするまで混ぜる。米油を3回に分けて加え、その都度混ぜる。低速にして、コーヒー液を3回に分けて加え、その都度混ぜる。米粉、チョコレートチップ半量を加え、粉っぽさがなくなるまで混ぜる。

STEP 2

2 > 別のボウルに卵白、レモン汁、きび糖ひとつまみ（分量内）を入れ、ハンドミキサーの中速で泡立てる。均一な細かい泡になったら、高速にして、残りのきび糖を3回に分けて加えてその都度混ぜ、角がしっかり立つメレンゲを作る。

STEP 3

3 > 1に2のメレンゲをヘラでひとすくいして加え、よく混ぜる。

4 > 2のメレンゲに3を加え、ヘラで泡をつぶさないように手早く混ぜる。

STEP 4

5 > 型に生地1/3量を流し入れ、残りのチョコレートチップ半量をちらす。その上に、残りの生地半量を流し入れ、残りのチョコレートチップをちらし、残りの生地を流し入れる。竹串を4～5周させて、生地の中の大きな気泡をつぶす。

6 > 170℃のオーブンで35分ほど焼く。生地に竹串を刺してベトベトした生地がつかなければ、焼き上がり。すぐ逆さまにして完全に冷まし、型から外す。

クランベリー&ピスタチオの
シフォンケーキ

材料　直径17cmのシフォン型1台分

米粉 … 90g

卵黄 … L玉3個分
きび糖 … 20g
米油 … 30g
煮詰めたりんごジュース … 45g

メレンゲ
卵白 … L玉4個分
レモン汁 … 2g
きび糖 … 35g

フィリング
ドライクランベリー … 40g
ピスタチオ … 10g

下準備

- ポリ袋に米粉を入れて袋を大きく膨らませ、数回振って空気を含ませる。
- 卵白は冷蔵室で冷やす。
- 煮詰めたりんごジュースは果汁100%のりんごジュース90gを煮詰めて45gにしたもの。
- ドライクランベリーは水10g（分量外）に浸してひと晩置き、粗みじん切りにする。
- ピスタチオは半分に切る。
- オーブンは170℃で20分ほど予熱する。

作り方

STEP 1

1 > ボウルに卵黄、きび糖を入れ、ハンドミキサーの高速で、もったりするまで混ぜる。米油を3回に分けて加え、その都度混ぜる。低速にして、煮詰めたりんごジュースを3回に分けて加え、その都度混ぜる。米粉、クランベリー1/3量を加え、粉っぽさがなくなるまで混ぜる。

STEP 2

2 > 別のボウルに卵白、レモン汁、きび糖ひとつまみ（分量内）を入れ、ハンドミキサーの中速で泡立てる。均一な細かい泡になったら、高速にして、残りのきび糖を3回に分けて加えてその都度混ぜ、角がしっかり立つメレンゲを作る。

STEP 3

3 > 1に2のメレンゲをヘラでひとすくいして加え、よく混ぜる。

4 > 2のメレンゲに3を加え、ヘラで泡をつぶさないように手早く混ぜる。

STEP 4

5 > 型に生地1/3量を流し入れ、残りのクランベリー半量、ピスタチオ半量をちらす。その上に、残りの生地半量を流し入れ、残りのクランベリーとピスタチオをちらし、残りの生地を流し入れる。竹串を4～5周させて、生地の中の大きな気泡をつぶす。

6 > 170℃のオーブンで40分ほど焼く。焼き色が強いようなら、途中でアルミ箔をかぶせる。生地に竹串を刺してベトベトした生地がつかなければ、焼き上がり。すぐ逆さまにして完全に冷まし、型から外す。

りんごジュースとクランベリーの
さわやかな甘みと、ピスタチオが好相性!
2種類のフィリングが沈まないよう、
型には生地と交互に入れて焼き上げます。

米粉に抹茶を加えて、
アレンジを楽しみます。
ほろ苦いグリーンの抹茶生地には、
甘納豆のフィリングがぴったり。
和テイストのグルテンフリー
定番シフォンケーキです。

甘納豆の抹茶シフォンケーキ

材料　直径17cmのシフォン型1台分

A
- 米粉 … 85g
- 抹茶パウダー … 7g

- 卵黄 … L玉3個分
- きび糖 … 30g
- 米油 … 35g
- 水 … 55g

メレンゲ
- 卵白 … L玉4個分
- レモン汁 … 2g
- きび糖 … 40g

フィリング
- 大納言の甘納豆 … 70g

下準備

- ポリ袋にⒶを入れて袋を大きく膨らませ、数回振って、空気を含ませながらよく混ぜる。
- 卵白は冷蔵室で冷やす。
- 大納言の甘納豆は粗く刻む。
- オーブンは170℃で20分ほど予熱する。

作り方

STEP 1

1 > ボウルに卵黄、きび糖を入れ、ハンドミキサーの高速で、もったりするまで混ぜる。米油を3回に分けて加え、その都度混ぜる。低速にして、水を3回に分けて加え、その都度混ぜる。Ⓐの粉類、大納言の甘納豆1/3量を加え、粉っぽさがなくなるまで混ぜる。

STEP 2

2 > 別のボウルに卵白、レモン汁、きび糖ひとつまみ（分量内）を入れ、ハンドミキサーの中速で泡立てる。均一な細かい泡になったら、高速にして、残りのきび糖を3回に分けて加えてその都度混ぜ、角がしっかり立つメレンゲを作る。

STEP 3

3 > 1に2のメレンゲをヘラでひとすくいして加え、よく混ぜる。

4 > 2のメレンゲに3を加え、ヘラで泡をつぶさないように手早く混ぜる。

STEP 4

5 > 型に生地1/3量を流し入れ、残りの大納言の甘納豆半量をちらす。その上に、残りの生地半量を流し入れ、残りの大納言の甘納豆をちらし、残りの生地を流し入れる。竹串を4〜5周させて、生地の中の大きな気泡をつぶす。

6 > 170℃のオーブンで35分ほど焼く。生地に竹串を刺してベトベトした生地がつかなければ、焼き上がり。すぐ逆さまにして完全に冷まし、型から外す。

お食事系

ひじきの和シフォンケーキ

材料　直径17cmのシフォン型1台分

米粉 … 90g

卵黄 … L玉3個分
塩 … 3g
米油 … 35g
水＋ひじきの煮汁 … 計40g

メレンゲ
卵白 … L玉4個分
レモン汁 … 2g
きび糖 … 30g

フィリング
ひじきの煮物 … 60g

下準備

- ポリ袋に米粉を入れて袋を大きく膨らませ、数回振って空気を含ませる。
- 卵白は冷蔵室で冷やす。
- ひじきの煮物は煮汁をよくきり、粗く刻む。煮汁はとっておく。
- オーブンは170℃で20分ほど予熱する。

作り方

STEP 1

1 > ボウルに卵黄、塩を入れ、ハンドミキサーの高速で、もったりするまで混ぜる。米油を3回に分けて加え、その都度混ぜる。低速にして、水＋ひじきの煮汁を3回に分けて加え、その都度混ぜる。米粉、ひじきの煮物を加え、粉っぽさがなくなるまで混ぜる。

STEP 2

2 > 別のボウルに卵白、レモン汁、きび糖ひとつまみ（分量内）を入れ、ハンドミキサーの中速で泡立てる。均一な細かい泡になったら、高速にして、残りのきび糖を3回に分けて加えてその都度混ぜ、角がしっかり立つメレンゲを作る。

STEP 3

3 > 1に2のメレンゲをヘラでひとすくいして加え、よく混ぜる。

4 > 2のメレンゲに3を加え、ヘラで泡をつぶさないように手早く混ぜる。

STEP 4

5 > 型に生地を流し入れ、竹串を4〜5周させて、生地の中の大きな気泡をつぶす。

6 > 170℃のオーブンで40分ほど焼く。焼き色が強いようなら、途中でアルミ箔をかぶせる。生地に竹串を刺してベトベトした生地がつかなければ、焼き上がり。すぐ逆さまにして完全に冷まし、型から外す。

Chiffon Cake

フィリングにひじきの煮物を使う、
ごはんみたいな和シフォンケーキ。
水分にひじきの煮汁を加えるのも
ポイントのひとつです。
サラダやピクルス、
スープなどを添えて、どうぞ。

たっぷりのフィリングに
トッピングもありの
ピザみたいなシフォンケーキ。
米粉にハーブを加えて。
また、油には
ベーコンの脂を加えます。

お食事系

ベーコン&チーズの
イタリアンシフォンケーキ

| 材料 | 直径17cmのシフォン型1台分 |

Ⓐ
- 米粉…90g
- ドライバジル…小さじ1強
- ドライローズマリー…小さじ1

- 卵黄…L玉3個分
- ハーブソルト…小さじ1
- オリーブ油＋ベーコンの脂…計30g
- 水…35g

メレンゲ
- 卵白…L玉4個分
- レモン汁…2g
- きび糖…20g

フィリング＆トッピング
- ベーコン…35g
- プロセスチーズ…30g
- くるみ…25g
- 黒オリーブ…25g
- パルメザンチーズ…5g

| 下準備 |

- ポリ袋にⒶを入れて袋を大きく膨らませ、数回振って、空気を含ませながらよく混ぜる。
- 卵白は冷蔵室で冷やす。
- ベーコンは5mm角に切り、オリーブ油（分量外）で炒め、塩、胡椒各適量（ともに分量外）をふる。ベーコンの脂はとっておく。
- プロセスチーズは5mm角に切り、米粉適量（分量外）をまぶす。
- くるみは5mm角に切る。
- 黒オリーブは4粒を3等分の輪切り。残りは5mm角に切り、米粉適量（分量外）をまぶす。
- 型の底にドーナツ形に切ったオーブンペーパーを敷き、輪切りの黒オリーブを並べ、パルメザンチーズをまんべんなくちらす。
- オーブンは170℃で20分ほど予熱する。

| 作り方 |

STEP 1

1 ▷ ボウルに卵黄、ハーブソルトを入れ、ハンドミキサーの高速で、もったりするまで混ぜる。オリーブ油＋ベーコンの脂を3回に分けて加え、その都度混ぜる。低速にして、水を3回に分けて加え、その都度混ぜる。Ⓐの粉類を加え、粉っぽさがなくなるまで混ぜる。ベーコンを加え、混ぜる。

STEP 2

2 ▷ 別のボウルに卵白、レモン汁、きび糖ひとつまみ（分量内）を入れ、ハンドミキサーの中速で泡立てる。均一な細かい泡になったら、高速にして、残りのきび糖を3回に分けて加えてその都度混ぜ、角がしっかり立つメレンゲを作る。

STEP 3

3 ▷ 1に2のメレンゲをヘラでひとすくいして加え、よく混ぜる。

4 ▷ 2のメレンゲに3を加え、ヘラで泡をつぶさないように手早く混ぜる。

STEP 4

5 ▷ 型に生地⅓量を流し入れ、プロセスチーズ半量、くるみ半量、角切りの黒オリーブ半量をちらす。その上に、残りの生地半量を流し入れ、残りのプロセスチーズ、くるみ、角切りの黒オリーブをちらし、残りの生地を流し入れる。竹串を4～5周させて、生地の中の大きな気泡をつぶす。

6 ▷ 170℃のオーブンで40分ほど焼く。焼き色が強いようなら、途中でアルミ箔をかぶせる。生地に竹串を刺してベトベトした生地がつかなければ、焼き上がり。すぐ逆さまにして完全に冷まし、型から外す。

Part 6

パウンドケーキ

風味豊かで、
しっとりモチモチ

グルテンフリーのパウンドケーキは、
ほどよいモチモチ感がある、
しっとりとした絶品の生地。
ボソボソなんてしていません!
米粉に「皮つきアーモンド粉」と
「チアシード(粉末)」を合わせる
基本レシピのほかに、
メレンゲを使うものもご紹介。
お食事系の、いわゆるケークサレでは、
米粉のおかげで、フィリングの
野菜の味がより一層楽しめます。

Pound
Cake

材料MEMO

粉類

チアシード（粉末）
チアシードをミルサーで粉末に。高い保水力があるので、生地がしっとりとします。

高野豆腐（粉末）
高野豆腐をおろしがねで粉末に。生地のべたつきをおさえ、さくみのある食感を作ります。

水分類

成分無調整豆乳
砂糖や塩、香料が入らない、大豆と水だけの成分無調整豆乳。大豆に含まれるレシチンには乳化作用があり、油と混ぜるとクリーム状になります。

糖類

てんさい糖シロップ
てんさいを原料にして作るオリゴ糖甘味料。糖類を組み合わせて、甘さに奥行き感を出します。

油脂類

米油
米ぬかから抽出する植物油。風味にクセがなく、米粉との相性抜群です。

道具MEMO

ミルクフォーマー
ミルクの泡立て器で、100～1000円程度で入手可能。ハンドミキサーでも代用可能ですが、ミルクフォーマーが断然おすすめ。

温度計
製菓用の温度計があると便利。計量と同様、温度管理もお菓子作りの大切なポイント。

ハンドミキサー
メレンゲ作りには必要不可欠。ぜひ準備しましょう。

フルーツパウンドケーキ

材料　17×8×高さ6cmのパウンド型1台分

A
- 米粉 … 90g
- 皮つきアーモンド粉 … 40g
- チアシード（粉末）… 8g
- ベーキングパウダー … 6g

B
- 成分無調整豆乳 … 110g
- 米油 … 30g
- きび糖 … 25g
- メープルシロップ … 20g
- てんさい糖シロップ … 15g
- レモン汁 … 5g

フィリング
- 洋酒風味のドライフルーツ … 125g
- くるみ … 30g

仕上げ
- 洋酒入りシロップ … 適量
- つや出し用アプリコットジャム … 適量
- スライスアーモンド … 適量

下準備

- ポリ袋にⒶを入れて袋を大きく膨らませ、数回振って、空気を含ませながらよく混ぜる。
- 鍋にⒷを入れて合わせ、55〜60℃に温める。
- くるみは190℃のオーブンで7〜8分ローストし、粗く刻む。
- つや出し用アプリコットジャムはジャムに同量の水を混ぜ、好みで洋酒適量を加えて裏ごしし、軽く火を通したもの。
- スライスアーモンドは190℃のオーブンできつね色になるまでローストする。
- 型にオーブンペーパーを敷く。
- オーブンは天板を入れて200℃に予熱する。
- 洋酒風味のドライフルーツを作る。

洋酒風味のドライフルーツの作り方
1. レーズン25g、セミドライプルーン25g、ドライフィグ50g、セミドライアプリコット15g、ドライクランベリー10gを用意し、大きいものは8mm角に切る。
2. 鍋にりんごピューレ（またはりんごジュース）50g（分量外）、1を入れて中火にかけ、しっかりと水分を飛ばす。
3. 好みの洋酒10g（分量外）を加え、アルコール分を飛ばす。

- 洋酒入りシロップを作る。

洋酒入りシロップの作り方
1. 鍋にきび糖35g（分量外）、水30g（分量外）を入れ、沸騰させてきび糖を溶かす。
2. 冷めたら、好みの洋酒10g（分量外）を混ぜる。

作り方

STEP 1

1. ボウルにⒷを入れ、ミルクフォーマーで小さな泡状になるまで混ぜる。レモン汁を加え、メレンゲのような細かい泡状になるまでさらによく混ぜる。

STEP 2

2. 1にドライフルーツ類、くるみを加え、ヘラでさっくりと混ぜる。Ⓐを加え、粉っぽさがなくなるまで手早く混ぜる。

STEP 3

3. 型に生地を流し入れ、型ごとトントンと落とし、表面をならす。

4. 予熱より温度を下げた180℃のオーブンで30分、さらに170℃で15分ほど焼く。焼き色が強いようなら、途中でアルミ箔をかぶせるか、温度を下げて調整する。生地に竹串を刺してベトベトした生地がつかなければ、焼き上がり。型から出し、逆さまにして網の上にのせる。

STEP 4

5. 熱いうちに、表面と側面（底面以外）にハケで洋酒入りシロップをまんべんなく塗り、ラップでぴったりと包む。冷めたら、底面につや出し用アプリコットジャムを塗り、スライスアーモンドを飾る。

Pound Cake

よりリッチなコクと風味を醸す
「皮つきアーモンド粉」と
生地をしっとりとさせる
「チアシード（粉末）」を使う
基本レシピに
フィリングをたっぷりと混ぜ、
洋酒の香り漂う贅沢仕上げに。

チョコレートパウンドケーキ

材料　23×5×高さ6cmのスリムパウンド型1台分

A
- 米粉 … 90g
- 皮つきアーモンド粉 … 20g
- 純ココアパウダー … 20g
- チアシード（粉末）… 8g
- ベーキングパウダー … 6g

B
- 成分無調整豆乳 … 125g
- 米油 … 25g
- きび糖 … 40g

レモン汁 … 5g

フィリング
- ラムレーズン … 40g

仕上げ
- 洋酒入りシロップ（094ページ参照）… 適量

下準備

- ポリ袋に④を入れて袋を大きく膨らませ、数回振って、空気を含ませながらよく混ぜる。
- 鍋に®を入れて合わせ、55～60℃に温める。
- 型にオーブンペーパーを敷く。
- オーブンは天板を入れて200℃に予熱する。

作り方

STEP 1

1 > ボウルに®を入れ、ミルクフォーマーで小さな泡状になるまで混ぜる。レモン汁を加え、メレンゲのような細かい泡状になるまでさらによく混ぜる。

STEP 2

2 > 1にラムレーズンを加え、ヘラでさっくりと混ぜる。④を加え、粉っぽさがなくなるまで手早く混ぜる。

STEP 3

3 > 型に生地を流し入れ、型ごとトントンと落とし、表面をならす。

4 > 予熱より温度を下げた180℃のオーブンで30分、さらに160℃で10分ほど焼く。焼き色が強いようなら、途中でアルミ箔をかぶせるか、温度を下げて調整する。生地に竹串を刺してベトベトした生地がつかなければ、焼き上がり。型から出し、網の上にのせる。

STEP 4

5 > 熱いうちに、表面と側面（底面以外）にハケで洋酒入りシロップをまんべんなく塗り、ラップでぴったりと包む。

Pound Cake

「皮つきアーモンド粉」と
「チアシード（粉末）」の基本レシピに
糖分を加えていない純ココアを混ぜ、
芳醇な香りのラムレーズンをプラス。
しっとりと濃厚に仕立てます。

「アーモンド粉」と
「チアシード(粉末)」に
にんじんピューレを混ぜて焼く、
大人気のキャロットケーキ。
もちろん、グルテンフリーでも
しっとりと滋味深く作れます!

キャロットケーキ

材料 23×5×高さ6cmのスリムパウンド型1台分

A
- 米粉…90g
- アーモンド粉…30g
- シナモンパウダー…小さじ1
- チアシード（粉末）…8g
- ベーキングパウダー…6g

B
- 成分無調整豆乳…90g
- 米油…30g
- きび糖…20g
- はちみつ…20g
- レモン汁…5g

フィリング
- にんじんピューレ…約75g
- レーズン…35g

仕上げ
- 粉砂糖…適量

トッピング
- にんじん…適量
- イタリアンパセリ…適量

下準備

- ポリ袋にⒶを入れて袋を大きく膨らませ、数回振って、空気を含ませながらよく混ぜる。
- 鍋にⒷを入れて合わせ、55〜60℃に温める。
- にんじんピューレはにんじん（すりおろし）100g、はちみつ30g、レモン汁8gを煮詰めて約75gにしたもの。
- トッピングのにんじんは小さなにんじん風に切り、水適量（分量外）、きび糖少々（分量外）、米油適量（分量外）で煮る。
- 型にオーブンペーパーを敷く。
- オーブンは天板を入れて200℃に予熱する。

作り方

STEP 1

1 > ボウルにⒷを入れ、ミルクフォーマーで小さな泡状になるまで混ぜる。レモン汁を加え、メレンゲのような細かい泡状になるまでさらによく混ぜる。

STEP 2

2 > 1ににんじんピューレ、レーズンを加え、ヘラでさっくりと混ぜる。Ⓐを加え、粉っぽさがなくなるまで手早く混ぜる。

STEP 3

3 > 型に生地を流し入れ、型ごとトントンと落とし、表面をならす。

4 > 予熱より温度を下げた180℃のオーブンで35分、さらに170℃で15分ほど焼く。焼き色が強いようなら、途中でアルミ箔をかぶせるか、温度を下げて調整する。生地に竹串を刺してベトベトした生地がつかなければ、焼き上がり。型から出し、網の上にのせて冷ます。

STEP 4

5 > 冷めたら、表面に粉砂糖をふるい、にんじんとイタリアンパセリをにんじん風に飾る。

ココナッツパウンドケーキ

材料　17×8×高さ6cmのパウンド型1台分

A
- 米粉 … 120g
- ココナッツファイン … 25g
- コーン粉 … 6g
- ベーキングパウダー … 7g

B
- ココナッツミルク … 80g
- 水 … 20g
- ココナッツ油 … 50g
- きび糖 … 12g
- てんさい糖シロップ … 45g
- メープルシロップ … 20g
- レモン汁 … 8g

アイシング
- 粉砂糖 … 30g
- 水 … 3g
- レモン汁 … 3g

仕上げ
- ココナッツファイン … 適量

下準備

- ポリ袋にⒶを入れて袋を大きく膨らませ、数回振って、空気を含ませながらよく混ぜる。
- ココナッツ油は溶かしておく。
- 型にオーブンペーパーを敷く。
- オーブンは天板を入れて200℃に予熱する。

作り方

STEP 1

1 > ボウルにⒷを入れ、泡立て器でよく混ぜる。

STEP 2

2 > 1にⒶを加え、ヘラで粉っぽさがなくなるまで手早く混ぜる。

STEP 3

3 > 型に生地を流し入れる。

4 > 予熱より温度を下げた190℃のオーブンで25分、さらに170℃で15分ほど焼く。焼き色が強いようなら、途中でアルミ箔をかぶせるか、温度を下げて調整する。生地に竹串を刺してベトベトした生地がつかなければ、焼き上がり。型から出し、逆さまにして網の上にのせて冷ます。

STEP 4

5 > アイシングの材料をよく混ぜ、4が冷めたら、表面にスプーンで塗り、ココナッツファインを飾る。

Pound Cake

米粉に「ココナッツファイン」を加えるだけでなく
「ココナッツミルク」と「ココナッツ油」も使う、
ココナッツづくしのレシピ。
トッピングの「ココナッツファイン」もたっぷりと!

味噌パウンドケーキ

材料　23×5×高さ6cmのスリムパウンド型1台分

A
- 米粉 … 80g
- 高野豆腐（粉末） … 20g

B
- バター（食塩不使用） … 40g
- 米油 … 35g
- きび糖 … 30g
- はちみつ … 15g
- グルテンフリー味噌（減塩タイプ） … 40g
- 卵黄 … L玉2個分

メレンゲ
- 卵白 … L玉2個分
- きび糖 … 30g

フィリング
- くるみ … 40g

下準備

- ポリ袋にⒶを入れて袋を大きく膨らませ、数回振って、空気を含ませながらよく混ぜる。
- バターは室温でやわらかくする。
- くるみは190℃のオーブンで7〜8分ローストし、粗く刻む。
- 型にオーブンペーパーを敷く。
- オーブンは天板を入れて170℃に予熱する。

作り方

STEP 1

1 > ボウルにバターを入れ、ハンドミキサーの低速で、白いクリーム状になるまで混ぜる。米油を少しずつ加え、さらによく混ぜる。きび糖を3回に分けて加え、その都度混ぜる。はちみつ、グルテンフリー味噌を加え、その都度混ぜる。卵黄を1個分ずつ加え、その都度混ぜる。

STEP 2

2 > 別のボウルに卵白を入れ、ハンドミキサーの中速で泡立てる。均一な細かい泡になったら、高速にして、きび糖を加え、角がしっかり立つメレンゲを作る。

STEP 3

3 > 1に2のメレンゲ1/3量を加え、低速にして、混ぜる。Ⓐの1/3量を加え、混ぜる。

4 > 3に残りのメレンゲを2〜3回に分けて加え、ヘラでその都度混ぜる。残りのⒶ、くるみを加え、泡をつぶさないように手早く混ぜる。

STEP 4

5 > 型に生地を流し入れる。

6 > 170℃のオーブンで35分ほど焼く。途中8分ほど経ったら、表面にナイフで縦に切り目を入れる。焼き色が強いようなら、途中でアルミ箔をかぶせるか、温度を下げて調整する。生地に竹串を刺してベトベトした生地がつかなければ、焼き上がり。型から出し、網の上にのせて冷ます。

Pound Cake

米粉に生地のべたつきをおさえる
「高野豆腐(粉末)」を加え、
バターと味噌の
食欲をそそる濃厚な風味を楽しみます。
メレンゲの力で膨らませる、
パウンドケーキのレシピです。

ウィークエンド

材料　23×5×高さ6cmのスリムパウンド型1台分

Ⓐ
- 米粉 … 80g
- アーモンド粉 … 30g
- ベーキングパウダー … 3g

- 卵 … L玉2個
- きび糖 … 55g
- 塩 … 少々

- 生クリーム（乳脂肪分35％）… 40g
- 米油 … 20g
- ラム酒 … 10g
- レモンの皮（農薬不使用／すりおろし）… 1個分
- レモン汁 … 5g

仕上げ
- つや出し用アプリコットジャム … 35g

グラスアロー
- 粉砂糖（ふるう）… 25g
- 水 … 4g
- ラム酒 … 3g

トッピング
- ピスタチオ … 適量
- レモンの皮（農薬不使用）… 適量

下準備
- ポリ袋にⒶを入れて袋を大きく膨らませ、数回振って、空気を含ませながらよく混ぜる。
- つや出し用アプリコットジャムはジャム30gに水5gを混ぜ、好みで洋酒適量を加えて裏ごしし、軽く火を通したもの。
- ピスタチオは細かく刻む。
- トッピングのレモンの皮は細切りにする。
- 型にオーブンペーパーを敷く。
- オーブンは天板を入れて170℃に予熱する。

作り方

STEP 1

1 > ボウルに卵を入れて軽く溶きほぐし、きび糖、塩を加え、泡立て器ですくうようにしてていねいに混ぜる。このとき、混ぜすぎて、卵のこしをきらないように注意。Ⓐを加え、ゆっくりと混ぜる。

STEP 2

2 > 生クリームを加え、ていねいに混ぜる。米油、ラム酒、レモンの皮、レモン汁を加えてその都度泡立て器で混ぜ、最後にヘラで生地をひとまとめにする。

STEP 3

3 > 型に生地を流し入れる。

4 > 170℃のオーブンで35分ほど焼く。途中8分ほど経ったら、表面にナイフで縦に切り目を入れる。焼き色が強いようなら、途中でアルミ箔をかぶせるか、温度を下げて調整する。生地に竹串を刺してベトベトした生地がつかなければ、焼き上がり。型から出し、網の上にのせる。

STEP 4

5 > 粗熱が取れたら、表面と側面（底面以外）にハケでつや出し用アプリコットジャムをまんべんなく塗る。

6 > グラスアローの材料をよく混ぜる。5が乾いたら、表面と側面（底面以外）にグラスアローを塗り、170℃のオーブンで1分ほど焼く。焼きすぎるとポロポロになるので注意。乾く前に、ピスタチオ、レモンの皮を飾る。

Pound Cake

レモン風味の
フランス伝統菓子ウィークエンド。
グルテンフリーで感激のおいしさ!
卵と生クリームを使い、
仕上げにグラスアローを塗る本格派です。

グルテンフリーのシンプルな生地に
しょうが風味の
根菜の和風炒めが
ゴロゴロとたっぷり入る
炊き込みごはんみたいな
パウンドケーキです。

> お食事系

根菜&しょうがの和パウンドケーキ

> 材料　17×8×高さ6cmのパウンド型1台分

Ⓐ 米粉… 150g
　ベーキングパウダー… 6g

Ⓑ 成分無調整豆乳… 135g
　米油… 30g

りんご酢… 5g

> フィリング

くるみ… 20g
ごぼう… 15cmほど
れんこん… 70g
にんじん… 30g
しめじ… 40g
しょうが… 10g
きぬさや… 適量

> 下準備

- ポリ袋にⒶを入れて袋を大きく膨らませ、数回振って、空気を含ませながらよく混ぜる。
- 鍋にⒷを入れて合わせ、55〜60℃に温める。
- 型にオーブンペーパーを敷く。
- オーブンは天板を入れて200℃に予熱する。
- トッピングのスナップえんどうは塩ゆでにする。
- フィリングを作る。

フィリングの作り方

1. くるみは190℃のオーブンで7〜8分ローストし、粗く刻む。
2. ごぼう、れんこん、にんじんは2cm角、しめじは幅2cmに切る。
3. 米油適量（分量外）で粗みじん切りにしたしょうがを炒めて香りを出し、2、きぬさやを炒める。グルテンフリー味噌15g（減塩タイプ／分量外）、グルテンフリーしょうゆ小さじ1.5（分量外）、きび糖小さじ1（分量外）、水115g（分量外）を加え、水分を飛ばすように炒めてじっくりと味をなじませる。
4. 冷めたら1を加え、1/5量ほどトッピング用を取り分ける。

> 作り方

STEP 1
1 > ボウルにⒷを入れ、ミルクフォーマーで小さな泡状になるまで混ぜる。りんご酢を加え、メレンゲのような細かい泡状になるまでさらによく混ぜる。

STEP 2
2 > 1にⒶ、フィリングを加え、ヘラでさっくりと混ぜる。

STEP 3
3 > 型に生地を流し入れ、トッピングをのせる。

4 > 予熱より温度を下げた180℃のオーブンで30分、さらに190℃で20分ほど焼く。焼き色が強いようなら、途中でアルミ箔をかぶせるか、温度を下げて調整する。生地に竹串を刺してベトベトした生地がつかなければ、焼き上がり。型から出し、網の上にのせて冷ます。

> お食事系

ハム&カラフルピーマンの塩味パウンドケーキ

材料　17×8×高さ6cmのパウンド型1台分

A
- 米粉 … 150g
- ベーキングパウダー … 6g

B
- 成分無調整豆乳 … 135g
- オリーブ油 … 30g
- りんご酢 … 5g

フィリング
- ハム … 50g
- 緑のピーマン … 1個
- 赤、オレンジ、黄色のピーマン … 各½個

下準備

- ポリ袋にⒶを入れて袋を大きく膨らませ、数回振って、空気を含ませながらよく混ぜる。
- 鍋にⒷを入れて合わせ、55〜60℃に温める。
- 型にオーブンペーパーを敷く。
- オーブンは天板を入れて200℃に予熱する。
- フィリングを作る。

フィリングの作り方
1 > ハム、全色のピーマンは2cm角に切る。
2 > オリーブ油適量（分量外）で1を炒め、塩、胡椒各適量（ともに分量外）、グルテンフリーコンソメ2g（顆粒／分量外）をふり、冷ます。⅕量ほどトッピング用を取り分ける。

作り方

STEP 1

1 > ボウルにⒷを入れ、ミルクフォーマーで小さな泡状になるまで混ぜる。りんご酢を加え、メレンゲのような細かい泡状になるまでさらによく混ぜる。

STEP 2

2 > 1にⒶ、フィリングを加え、ヘラでさっくりと混ぜる。

STEP 3

3 > 型に生地を流し入れ、トッピングをのせる。

4 > 予熱より温度を下げた180℃のオーブンで30分、さらに190℃で20分ほど焼く。焼き色が強いようなら、途中でアルミ箔をかぶせるか、温度を下げて調整する。生地に竹串を刺してベトベトした生地がつかなければ、焼き上がり。型から出し、網の上にのせて冷ます。

Pound Cake

最小限の生地の材料に、
ハムとピーマンのフィリングを合わせる
お好み焼きみたいな塩味パウンドケーキです。
米粉の白い生地に、
ピーマンのカラフルな彩りがおいしそう！

109

卵・乳製品の使用or不使用別

Index

卵・乳製品不使用

【スコーン】

プレーンスコーン ……………………………………… 010

黒豆のきな粉スコーン ……………………………… 014

カシューナッツのコーヒースコーン ……………… 016

お食事系
ソーセージ&ひよこ豆のカレースコーン ……… 018

大豆粉スコーン ……………………………………… 020

ピーカンナッツのオーツ麦スコーン ……………… 026

コーンブレッド ……………………………………… 028

【クッキー】

アーモンド粉クッキー ……………………………… 032

玄米粉クッキー ……………………………………… 036

くるみのスノーボール ……………………………… 038

黒ごまクッキー ……………………………………… 040

チョコレートアーモンドクッキー ………………… 042

オーツ麦クッキー …………………………………… 044

【マフィン】

きな粉マフィン ……………………………………… 048

ポピーシードマフィン ……………………………… 050

小倉あん入り抹茶マフィン ………………………… 056

お食事系 ツナ&トマトの塩味マフィン ……… 060

お食事系 たこ&枝豆のアヒージョマフィン …… 062

お食事系 キャベツのしょうゆ味マフィン ……… 064

【パウンドケーキ】

フルーツパウンドケーキ …………………………… 094

チョコレートパウンドケーキ ……………………… 096

キャロットケーキ …………………………………… 098

ココナッツパウンドケーキ ………………………… 100

お食事系
根菜&しょうがの和パウンドケーキ …………… 106

お食事系
ハム&カラフルピーマンの
　塩味パウンドケーキ ……………………………… 108

110

卵使用・乳製品不使用

【ビスコッティ】
ココナッツビスコッティ ———————— 068
くるみの玄米胚芽ビスコッティ ———————— 070
ピーカンナッツのコーヒービスコッティ ———— 072
黒ごまビスコッティ ———————————— 074

【シフォンケーキ】
プレーンシフォンケーキ ———————— 080
クランベリー&ピスタチオのシフォンケーキ —— 084
甘納豆の抹茶シフォンケーキ ———————— 086
お食事系 ひじきの和シフォンケーキ ———— 088

卵不使用・乳製品使用

【スコーン】
クランベリーのチョコレートスコーン ———— 024

【クッキー】
チーズの塩味クッキー ———————————— 034

【マフィン】
ダブルチョコレートマフィン ———————— 052
くるみ&チョコレートのバナナマフィン ———— 054
お食事系 ポテトの玄米胚芽マフィン ———— 058

卵・乳製品使用

【ビスコッティ】
お食事系
チーズ&ハーブの塩味ビスコッティ ————— 076

【シフォンケーキ】
カフェモカシフォンケーキ ————————— 082
お食事系
ベーコン&チーズの
　イタリアンシフォンケーキ ———————— 090

【パウンドケーキ】
味噌パウンドケーキ ———————————— 102
ウィークエンド ———————————— 104

111

大塚せつ子

料理研究家
白神こだま酵母技術アドバイザー
米粉製品新技術アドバイザー

白神こだま酵母のパン作りと、米粉の技術開発の第一人者。全国に新たな米の食文化、米粉の魅力を広く伝え、もう一度日本の食卓に「米」をのせることが自給率を上げることになると、2013年4月に「日本米粉クッキング協会」を設立し、「サラ・グルテンフリークッキング広尾」を主宰。著書に『白神こだま酵母でパンを焼く』(農文協)、『いちばんかんたんな、白神こだま酵母のパンレシピ』(河出書房新社)、『米粉のパン、麺、おやつ』『フライパンで簡単! 米粉のパン、麺、おかず、おやつ』(ともにパルコ出版) など多数。

サラ・グルテンフリークッキング広尾
〒106-0047
東京都港区南麻布5丁目15-25
広尾六幸館305号
☎03-6450-4203
http://www.sala-kcs.jp

Staff

協力	門司美子
撮影	広瀬貴子
ブックデザイン	細山田光宣、木寺 梓
	(細山田デザイン事務所)
DTP	横村 葵
スタイリング	佐々木カナコ
編集	本村範子

グルテンフリーのおやつ
米粉だから、おいしい!
焼き菓子、シフォンケーキ、パウンドケーキ

発行日　2017年11月9日 第1刷

著者　　大塚せつ子
発行人　井上 肇
編集　　堀江由美

発行所　株式会社パルコ
　　　　エンタテインメント事業部
　　　　東京都渋谷区宇田川町15-1
　　　　03-3477-5755
　　　　http://www.parco-publishing.jp

印刷・製本　図書印刷株式会社

©2017 SETSUKO OTSUKA
©2017 PARCO CO.,LTD.

無断転載禁止
ISBN978-4-86506-233-5 C2077
Printed in Japan

免責事項
本書のレシピについては、万全を期しておりますが、万が一、やけどやけが、機器の破損、損害などが生じた場合でも、著者および発行所は一切の責任を負いません。

落丁本・乱丁本は購入書店名を明記のうえ、小社編集部あてにお送りください。送料小社負担にてお取り替え致します。
〒150-0045　東京都渋谷区神泉町8-16
渋谷ファーストプレイス
パルコ出版　編集部